HÉROS & PANTINS

OEUVRES de LÉON CLADEL

Les Martyrs ridicules
L'Amour romantique
Pierre Patient
Le Deuxième mystère de l'Incarnation
Le Bouscassié
La Fête votive de Saint-Bartholomée Porte Glaive
Les Va-nu-pieds
L'Homme de la Croix-aux-Bœufs
Petits cahiers de Léon Cladel
Ompdrailles le Tombeau-des-Lutteurs
Bonshommes
Crête-Rouge
Par-devant Notaire
Six morceaux de littérature
N'a-Qu'un-Œil
Kerkadec, garde-barrière
Urbains & Ruraux
Héros & Pantins

SOUS PRESSE

Quelques Sires
Léon Cladel & sa kyrielle de chiens
Feuilles volantes
L'Ancien

A L'ÉTUDE

Mi-Diable
I-N R-I
Paris en Travail

Paris. — Soc. d'Imp. PAUL DUPONT, 41, rue J.-J.-Rousseau. (Cl.) 93.12.84.

HÉROS
&
PANTINS

par

Léon Cladel

Avec une page de Camille Lemonnier

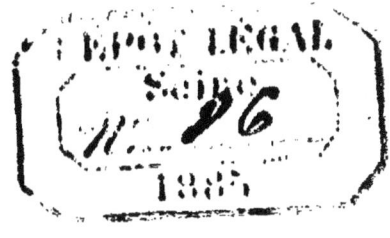

PARIS
E. DENTU, ÉDITEUR
LIBRAIRE DE LA SOCIÉTÉ DES GENS DE LETTRES
PALAIS-ROYAL, 15-17-19, GALERIE D'ORLÉANS
—
1885
(Droits de traduction et de reproduction réservés.)

Léon Cladel

Oui, celui-là est un fier « bonhomme » et ne se trouverait pas déplacé dans le livre qu'il écrivit naguère sous ce titre cordial et rond, à côté du prodigieux idéologue, Dux, dont il délinéa, dans une des plus superbes proses qui soient sorties de main d'ouvrier, la flamboyante silhouette sur le fond tumultueux de la grande ville.

Tel je le vis au premier jour, il y aura bientôt six ans, dans son légendaire chalet de Sèvres, avec sa tête souffrante et pensive, allumée par la jaune flamme des prunelles sous l'écheflement d'une crinière de pâtre, comme une sorte de Millet de la littérature, tel il apparaîtra à nos arrière-neveux quand, éblouis par les magies de son art, ils voudront se représenter le penseur sévère et le puissant écrivain à qui d'ores et déjà une place spéciale est réservée dans les Panthéons de l'avenir.

Tous les détails de cette première rencontre me sont demeurés dans la mémoire : il était parti, ce jour-là, pour Paris; et nous l'attendions, son admirable compagne et moi, malgré le froid vif d'une glaciale journée de mars, devant la fenêtre large ouverte de son cabinet de travail, étonnant observatoire duquel s'apercevait comme une mer aux vagues pétrifiées, l'amphithéâtre couronné par les palais de l'ancienne Lutèce. Tout à coup, dans un nuage de fumée et de feu, un train gronda, siffla, stoppa; et du doigt m'indiquant un homme qui se hâtait, le chapeau à l'arrière de la tête et des livres sous le bras, Julia Mullem, pour lui donner le nom de *jeune fille qui rayonne au frontispice des* Va-Nu-Pieds, *s'exclama :*

— C'est lui! le voilà!

Une imparfaite image m'avait seule révélé jusqu'alors la physionomie extérieure de celui qui devait devenir mon plus constant ami dans notre âpre et commune destinée d'homme de lettres. Quant à l'autre, à l'intime physionomie que la pensée écrite grave au cœur des livres, elle m'était familière depuis longtemps et je la révérais comme l'une des plus fortes expressions de la littérature contemporaine. Cependant j'avais éprouvé si souvent combien peu l'original ressemble au portrait, chez la plupart des écrivains, race ambiguë et bifrons, s'il en fût, que je n'étais pas sans appréhension à l'égard de la ressemblance du Cladel spirituel avec l'homme en chair et en os.

Pourquoi le cacher? avec mon esprit flamand nourri chez Rubens, mon illustre compatriote, du respect et du goût de la Force, je m'étais figuré un athlète musclé et trapu, au col de taureau, capable de faire sa partie de poings dans les homériques kermesses de Saint-Bartholomée-Porte-Glaive. Et soudainement il m'apparut sous l'aspect d'un christ gothique, pareil à ceux que j'avais vus chez Roger Van der Weyden et Memling, traînant leur croix sur les pentes pierreuses des Calvaires. Alors mes yeux se dessillèrent et je m'aperçus que la réalité mensongère, forgée dans mes songeries, était bien moins que l'autre, celle qui se dressa tout à coup sur le chemin devant moi, le reflet incarné de la personnalité émanée de l'œuvre littéraire. Oui, tandis qu'il s'avançait, je me remémorais le héros de cette Iliade méridionale, Ompdrailles, non point tel que l'admiraient les filles de Rouergue, avec son torse marmoréen et sa virilité de bel animal franc de tout joug, mais tel qu'il le révèle aux ultimes pages du livre quand, consumé aux baisers de la Scorpione, cette louve symbolique de la Passion et de toutes les passions, il apporte aux arènes les lambeaux d'un corps naguère superbe, sous lequel un grand cœur continue à brûler de tous les feux de l'amour.

À son exemple, le quadragénaire erréné et maigre, qui inopinément remplaçait l'être chimérique créé par ma vision, incarnait bien le lutteur des arènes idéales, mordu jusqu'aux moelles par la Pensée et la Vie, ces autres Scorpiones qui chevauchent en croupe le poëte et lui pompent le sang de leurs suçoirs dévorants.

— Léon Cladel!
— Vous, Bruxellois!

On s'accointa par ces mots, sur le seuil de la maison qu'il venait d'atteindre enfin, et, comme d'anciens amis que nous étions déjà par l'esprit avant de l'être par le cœur, nous nous accolâmes fraternellement. Il avait dans l'abord la rondeur cordiale des hommes simples; moi-même je lui apportais un peu de notre rudesse communale; et les deux « paysans » qu'il y a en nous s'étant flairés dès les premières paroles, nos bouches comme nos âmes se délièrent. A table, dans le cercle des têtes bouclées, fleurs de son automne où la mort n'avait pas encore fauché, puis là-haut, au plus haut de la maison, dans l'atmosphère chargée d'idées de la forge, il me dit sa vie, ses livres passés, ceux qu'il voulait écrire; et, tandis que bourdonnait cette voix sourde, un peu traînante, qui chez lui semble monter du fond de la vie et par moments, quand il s'échauffe, résonne en d'aigres vibrations métalliques, il me sembla que l'homme qui me parlait, reployé sur lui-même, le dos en boule et la tête abattue sur l'estomac dans l'attitude d'un Atlas fléchissant sous le poids du monde intérieur, se transfigurait en héros des lettres modernes.

Et vraiment le mot et l'image lui allaient si bien à ce Jacob du Verbe toujours aux prises avec l'archange, dans les champs illimités de l'Idéal, que l'impression m'est demeurée comme celle qui caractérise le mieux l'infatigable ouvrier, sans cesse fourbissant les armes de son éternel combat et jusque dans les plis du visage, balafres profondes qui ont gardé la forme des coups d'épée de l'Idée, portant la trace de son indéfectible vaillance. L'ombre vespérale avait depuis longtemps submergé la sévère petite chambre d'étude, que nous étions encore l'un près de l'autre, devisant d'art et d'humanité, dans ces ténèbres où nous n'apercevions plus notre silhouette corporelle, mais où son esprit continuait à planer visiblement.

Les années se sont écoulées depuis, dévidant leur écheveau de jours heureux et funèbres, si toutefois, après les deuils, il y a place encore pour le bonheur; et aucun de nous n'a forfait à ce serment d'affection que les hommes ne prononcent pas, comme s'ils avaient peur de la fugacité des paroles, volants dont les bouches sont les raquettes, mais qui, sans qu'ils l'aient échangé, les lie à tenon et à mortaise jusqu'à la mort. Nos communes détresses nous trouvèrent toujours secourables à travers la distance qui seule nous sépare, mais ne nous sépare que matériellement, car *le temps et l'espace n'existent pas pour des esprits fraternels ; et dans la joie comme dans la peine, il a pu compter sur moi aussi bien que j'ai pu compter sur lui.*

Hélas ! la Douleur, grande figure sombre comme la Nuit, dont les voiles finissent par envelopper jusqu'aux dernières clartés de l'être, et qui, au bruit des sanglots, berce les cœurs sur ses dures mamelles plus inapitoyées que le roc, devait devenir l'hôte presque assidu de son foyer : la mort et la maladie s'entendirent pour frapper à coups redoublés l'arche paisible qu'il s'était construite sur la colère des eaux. Mais, même aux heures d'adversité, il n'oublia jamais la barque qui, là-bas, naviguait contre vents et marées et que, plus d'une fois, pendant les lourdes accalmies, son souffle ami m'aida à remettre à flot.

Nul, en ce temps, n'a poussé plus loin la confraternité littéraire. Si tant d'autres qu'il obligea et qui, oiseaux accueillis dans sa vigne, becquetèrent les grappes de ses ven-

danges, ont pu se dispenser envers lui de gratitude, cette décence du cœur, je n'ai pas oublié, moi, la glorieuse préface qu'il mit en tête de mes CHARNIERS, *roulés presque à l'oubli, avec les épaves d'un monde écroulé, dans le sang et la boue des champs de bataille. Maréchal de lettres, comme il s'appela lui-même avec un légitime orgueil dans cet écrit, il me décerna le brevet qui m'enrégimentait dans les milices en tête desquelles flambait son panache, parmi l'éclat des états-majors. Peut-être ai-je mérité depuis de n'être plus confondu dans le gros de l'armée ; mais alors, malgré des campagnes déjà nombreuses et des états de service qui, dans notre indifférente Belgique, n'avaient attendri ni la stupidité des foules ni la méchanceté fielleuse des cuistres, et seulement m'avaient valu de vous, ô mes maîtres de France, Hugo, Michelet, Flaubert, Taine, Barbey d'Aurevilly, Banville, un sympathique et inoubliable applaudissement, je n'étais encore pour les autres qu'un remueur d'humanité perdu aux* confins de la patrie des lettres, la grande et la seule; car s'il existe ailleurs des littératures, ce n'est que chez vous qu'il y a vraiment une patrie littéraire. En parrain prodigue que ma foi et mes efforts avaient touché, Léon Cladel m'en ouvrit les barrières, ne jugeant point suffisante, dans sa chaude amitié, la page de présentation raffinée qu'il cisela pour le mien livre rappelé ci-haut, mais, en outre et par surcroît, accrochant mon nom, avec une dédicace plus flatteuse que la vide phraséologie des boniments et des réclames, à cette curieuse série de tableautins intitulés par lui MES PETITS CAHIERS. Et voilà qu'à mon tour, par une équitable réciprocité confraternelle, il m'est donné à moi, de dire publiquement ma pensée sur l'écrivain que non seulement j'estime pour sa non pareille probité littéraire, mais que j'admire aussi pour le vigoureux essor de son esprit.

Je voudrais trouver ici une formule qui résumât son labeur et ses originalités. Lexicologue, il l'est à toute évidence et à un degré si haut qu'il semble distancer sur ce terrain ses plus âpres émules. Peintre des mœurs et des caractères, il a foui avec d'incomparables sagacités le tréfond du tuf humain. Poëte, non point selon le sens traditionnel, car il rima peu et seulement par boutade, mais dans l'acception d'un organisme intuitif, ouvert aux splendeurs de la nature et apte à les reverbérer dans le miroir du style, bien peu, autant que lui, ont su magnifier les gloires de la création et les rendre sensibles dans les magies de la transcription. Idéologue enfin, il s'est fait, avec une pertinacité convaincue, le soldat du Bien et du Juste, agitant les torches qui illuminent, et aussi celles qui incendient, dans les ténèbres au fond desquelles râlent encore les oppressions et les servitudes. Chacune de ces distinctions concourt à l'ensemble de sa physionomie littéraire ; et cependant, si tranchées qu'elles apparaissent en lui, elles demeurent subordonnées à un élément supérieur dans lequel toutes se confondent comme des flammes dans un brasier. L'Art, telle est la synthèse qui l'explique et l'illumine. Là réside, en effet, la grande lumière de cette figure, celle qui l'éclaire dans sa plénitude et n'en laisse plus aucun côté dans l'ombre, une fois qu'elle en a dessiné les creux et les saillies.

Passez en revue les écrivains du jour : vous n'en rencontrerez point qui soient aussi préoccupés de donner à leurs livres l'unité dans la composition, la symétrie dans la proportion, la solidité et la perfection dans la plastique. Conditions essentielles et multiples de toute élucubration destinée à survivre aux pages légères que le vent d'oubli cueille et roule par l'air, encore humides de l'encre rose, ou bleue, ou noire qui servit à les écrire. Le métier, dans ces ouvrages à l'élaboration desquels le peintre, le fèvre, le sculpteur et le scribe semblent avoir apporté chacun sa main-d'œuvre, se complique, en outre, par moments, d'étranges difficultés vaincues qui demeurent lettre close pour les non-initiés et qui quelquefois aux initiés mêmes ont paru des jeux puérils, comme s'il pouvait jamais y avoir de puérilité dans les douloureux combats d'un artiste s'efforçant de triompher des résistances du Verbe. Est-ce que l'écriture littéraire n'est pas une évocation, d'ailleurs, et comme toute évocation, ne s'entoure-t-elle pas de rites particuliers, de pratiques mystérieuses et de secrètes sorcelleries qui sont la kabale de l'esprit? J'admire, pour ma part, qu'un de ces preux de l'Idéal multiplie, à l'exemple des paladins antiques, les périls et les fatigues, sur le bord de la forêt enchantée où se dérobe sa chimère. Mieux que par des dragons, l'inextricable fourré qui cèle l'idole du poète est gardé par la Banalité et la Routine, immémoriales ennemies dont le guet vigilant ne peut être conjuré que par des ruses infinies. Elles vont, ces ruses, chez le Thésée vainqueur de monstres qui me passionne, jusqu'à épuiser l'artifice des plus subtiles rhétoriques, en variant incessamment la tournure des phrases et le choix des mots, en ne permettant pas qu'un même vocable reparaisse dans tout le cours d'un livre, et d'autres fois en prohibant même, en tête des alinéas, le retour d'une même lettre initiale. C'est encore là le secret de ces terribles phrases kilométriques dont se gaussent fort impertinemment des stylistes sans haleine, las et pantois au bout de dix mots, et qui, enchevêtrées d'incidentes, avec des circonvolutions nombreuses et des arabesques emmêlées comme les sinuosités d'un labyrinthe, rampent à la façon des ronces ou se dressent à la façon des chênes, touffue végétation du style où chantent, et sifflent, et chuchotent les idées, ces oiseaux de l'esprit. Algèbres et chinoiseries de fort-en-thème, a-t-on dit. Non pas, mais étrangetés d'une originalité merveilleusement disciplinée et qui, dans ses écarts en apparence les plus fantasques, ne désarçonne jamais son cavalier, rompu à tous les exercices de la haute école!

Si le coup de pouce de l'ouvrier se remarque à l'évidence chez quelqu'un, c'est indéniablement chez le tailleur d'images, comme on eût dit autrefois, qui, dans le marbre de sa prose, a sculpté ces impérissables bas-reliefs, LA FÊTE VOTIVE DE SAINT-BARTHOLOMÉE-PORTE-GLAIVE, LE BOUSCASSIÉ, L'HOMME DE LA CROIX-AUX-BŒUFS, LES VA-NU-PIEDS. Sa formule se reconnaît entre toutes, tant à cause de sa sobriété et de son ampleur qu'à cause de l'imprescriptible accent de terroir qui lui communique une si particulière vibration. Alors que presque tous les modes d'expression semblaient épuisés, après Hugo le sybillin, Baudelaire le quintessencié, Barbey d'Aurevilly le maniéré, Flaubert le lapidaire, Jules et Edmond de Goncourt les japonisants, il les renouvela en greffant sur le tronc de la langue une sève sauvageonne dont la rouge fleur brusquement révéla une culture imprévue et raffinée. C'était à côté d'une rudesse d'idiome gascon qui par moments résonnait dans la phrase comme un éboulis de cailloux aux flancs des pierrières natales, la vie et le mouvement des plus belles proses, mais animés du souffle épique qui gonfle au-dessus de l'immortelle Marseillaise de Rude, les plis du *drapeau républicain.* Dans les Va-Nu-Pieds, dans Pierre Patient, dans N'a-qu'un-Œil, dans Crête-Rouge, dans Titi Foyssac IV, dit la République et la Chrétienté, dans Kerkadec garde-barrière *et plus récemment dans* Urbains et Ruraux, *l'âme plébéienne des héros de la République chante aux clairons du mot, comme si, par un miracle d'hérédité, l'héroïsme des aïeux s'était transfusé au cœur de l'enfant du Quercy, engendré des tendresses du rude et fruste Montauban-Tu-Ne-Le-Sauras-Pas, lui-même fils, neveu et cousin des légionnaires de Valmy, Fleurus, Jemmapes, Arcole et Lodi. On vit alors se produire ce compagnonnage singulier : un artiste aristocratique et compliqué, jusqu'à se complaire aux plus ardues virtuosités de la forme, apparié, dans l'âpre labour de la Forme et de l'Idée, à un sévère et simple esprit demeuré peuple avec toutes les vertus du peuple, à travers les perversions du métier littéraire. Autant, en effet, l'effort et les visées, chez cet ouvrier ondoyant et divers, inclinent l'homme de* lettres à une sorte de dandysme, avec un goût de la piaffe et de la magnificence, autant le fond sur lequel il a bâti son œuvre décèle la primitivité des êtres que le mal des civilisations effrénées n'a pu entamer.

Certains livres de ce temps, vrais chaudrons des sorcières de MACBETH, attisés de tous les feux de notre enfer social et bouillonnant des plus énigmatiques mixtures, laisseront à l'avenir l'impression d'une haute scélératesse morale résumant les maladives effervescences d'une humanité consumée en qui le vice étalé a fini par être admiré comme une fleur de pourriture. Lui, le « FIER RURAL », pour lui donner le nom qu'un terrible archer de lettres lui décocha naguère et qu'il a illustré depuis, tranche par sa belle santé inaltérée d'intelligence et de cœur sur ce grouillement de microbes sortis des désagrégations de notre fumier moderne. Il n'est troublé par aucune des névroses qui de la fin du XIXe siècle font un gigantesque hôpital où les meilleurs esprits ressemblent à des patients couchés sur des grabats, avec des talents tournés à la gangrène et des étalages de plaies en guise de sentiments et d'idées. Tandis que les plus forts sont tourmentés, comme des femmes, de mystérieuses et rongeantes hystéries, il a gardé, l'incorruptible, dans les fièvres de notre byzantinisme, l'allure et la robustesse d'un paysan du Danube pétrissant de ses lourds sabots la glèbe idéale où tant d'autres laisseront à peine l'effleurement de leurs escarpins.

Certes, il a sa chimère ; mais la sienne, dans un temps où la chimère n'est le plus généralement qu'une marotte, plane d'une aile hardie par-dessus les destinées actuelles de l'homme : comme l'aigle, elle vole au plus haut des cimes, et les prunelles tendues, contemple de là, à travers le crépuscule du monde, les lointaines clartés du jour qui se lèvera sur les races futures. Il croit à la perfectibilité de l'humanité, au triomphe du Droit et de la Vérité, à la pacification des peuples, à l'avènement de la République universelle ; et

— XIX —

cette foi vivace revêt d'une splendeur d'idéalisme les réalités, remuées par son art de romancier.

Ainsi envisagée son œuvre est bien faite pour déconcerter les critiques à courte vue enfermés dans une méthode ou un système. La part de subjectivité qu'il y mêle y occupe une si large place qu'elle déroutera toujours ceux-là qui derrière l'écriture d'un livre ne s'ingénient pas à découvrir l'homme et pour qui une page de littérature est une marqueterie plus ou moins savante et non pas la réverbération d'un tempérament et d'un esprit. Sa forte personnalité, toute nourrie de sève provinciale, déborde à tout instant, dans ses romans, qui sont peut-être plus encore des poèmes que des romans, et des poèmes homériques de la plus épique envergure, par delà la proportion juste et le contour exact. Aux créatures engendrées de sa pensée il communique une parcelle de son âme ardente et virile qui les modèle sur lui-même et par moments leur donne la ressemblance d'une humanité plus haute qu'elle n'est chez les autres. Un rêve de grandeur et de gloire anime l'argile de laquelle il fabrique ses personnages et passe jusque dans les flammes atmosphériques dont il sublimise autour d'eux les paysages. OMPDRAILLES, LE BOUSCASSIÉ, LES VA-NU-PIEDS, L'HOMME DE LA CROIX-AUX-BŒUFS, LA FÊTE VOTIVE, *nombre de nouvelles disséminées dans ces écrins précieux :* SIX MORCEAUX DE LITTÉRATURE URBAINS ET RURAUX, HÉROS ET PANTINS, MES PETITS CAHIERS, *fruits extraordinaires dont on voit déjà le germe dans les* MARTYRS RIDICULES, AMOUR ROMANTIQUE *et le* DEUXIÈME MYSTÈRE DE L'INCARNATION, *appartiennent à l'épopée par l'outrance de la mise en scène et la carrure démesurée des acteurs. Et ce serait le moment de remarquer combien chez cet amoureux de toutes les grandes audaces, le goût de l'héroïsme moral s'accompagne du goût de l'héroïsme musculaire : si personne n'a célébré avec un plus saisissant enthousiasme les mâles et léonines vaillances des Brutus, des Scevola,* des Hoche et des Marceau, nul non plus n'excella comme lui à peindre les rouges fureurs des kermesses et des tueries, les troubles fermentations des conglomérats humains, les fauves et tumultueuses anhélations des arènes déchaînées. Telle est, en ces tableaux rutilants de laques et de cynabres, la puissance du coloris, qu'on croirait assister à des joutes de géants se lapidant avec des rocs.

Pourtant, si vivacement s'enfoncent en ce rêveur d'Iliades les racines du Réel, quoi qu'on ait pu dire de ses idéalisations, que même dans ses coups d'aile, il appuie encore son talon en terre. Oui, ce romantique, et il s'en vante! a toutes les crudités du réalisme dans ses peintures. Non seulement on y jargonne à bouche que veux-tu, mais on y brame, on y rit, on y fornique et souvent avec une truculence rabelaisienne. Falstaff et Gargantua grimacent, pouffent et s'égueulent à travers l'orgie du style, dans ce formidable débridement de tous les instincts, qui est LA FÊTE VOTIVE DE SAINT-BARTHOLO-MÉE-PORTE-GLAIVE et PAR-DEVANT NOTAIRE. Et ce bel entrain de ménétrier menant le branle des phrases recommence à chaque œuvre, soit qu'il cadence les bourrées des terriens sur l'aire des foirails, dans L'HOMME DE LA CROIX-AUX-BŒUFS, soit que dans cette improvisation, CRÊTE-ROUGE, d'un si furieux emportement lyrique, il rythme le pas de charge des régiments à travers les champs de bataille. Tambours, fifres, flûtes, hautbois, violons et cymbales ronflent, grondent, strident, piaillent, garulent et meuglent dans ces étonnantes partitions d'orchestre dont le thème est toujours l'Humanité, mais une humanité complexe, touffue, diverse, héroïque, bouffonne, grandiose, rampante, telle en un mot que des cimes aux abîmes et des enfers aux paradis, elle grouille, pantèle, gémit, souffre et tourbillonne, limon pétri avec de la colère, de la haine, de la folie et aussi du génie, de la gloire et de l'amour. Toutes ces infinies et antithétiques nuances, on les retrouvera une fois de plus, d'ailleurs, en ces étranges Héros et Pantins, écrits souvent d'une haleine, mais toujours d'une haleine enflammée. Si la passion qui, chez l'écrivain, décèle l'aduste sang d'un fils du soleil, en a roussi et brûlé çà et là les pages, le tendre et l'élégiaque qui soupirent aussi en lui y ont laissé, par contre, des larmes chaudes, jaillies des secrets replis du cœur. Qui ne serait touché jusqu'aux moelles par le récit des grotesques et vibrantes amours de la Guenon et de Blanquigno ? Qui, en lisant ce funèbre et émouvant pèlerinage au pays natal, Où les Miens ont vécu, résurrection inouïe des souvenirs de la prime enfance évoqués à travers les lentes et solennelles mélopées du style, ne se rappellera les siens à jamais endormis sous les cyprès ?

Ah ! sans doute, cet art d'inspiration et d'interprétation, cet art d'un esprit créateur qui prend ses éléments dans le tas des scories humaines, mais les refond ensuite au creuset de la vision et du songe, n'a rien de commun avec l'ennuyeuse précision photographique que d'aucuns voudraient voir substituer à la transcription savante et subtile. Ils ne comprendront jamais, ces manieurs de loupes minuscules, que l'originalité incompressible d'un artiste comme LÉON CLADEL consiste précisément à forger le Réel à sa marque si profondément que, dût le métal en sauter quelquefois, ce qu'il en reste porte encore et toujours la glorieuse empreinte du marteau!

CAMILLE LEMONNIER.

La Hulpe, novembre 1884.

Héros & Pantins

Héros & Pantins

Rara Avis
Kyrié - Éléison
Toute à Tous
Versiculets
Zéro en Chiffre
Fantoches
En Route
Au Feu!
Partie Carrée
Jeanty Loiseau
Quelqu'un
Ho! Fi! Pandore
Sur L'eau
Ingénus de Boulevard
Duel
Où les Miens ont Vécu

Rara Avis

— 1861 —

Héros & Pantins

Rara Avis

Y compris lui, moi, toi, mons Satanas et S. M. Dieu, s'exclamait naguère, entouré de force scribes, ses commensaux, un folliculaire en goguette, tout le monde est un peu coquin en notre bâtiment ! » On s'égaya de cette saillie que personne n'avait jugée trop paradoxale. Il était évident que tous ces loustics attablés savaient à quoi s'en tenir, et je présume que quiconque a fréquenté chez MM. les gens de plume est édifié là-dessus. Étant données donc la malveillance de plus en plus aiguë qu'ils nourrissent les uns pour les autres et la noire jalousie qui les rend habiles à poser l'éteignoir sur toute lumière naissante ou rayonnante, il nous paraît instructif de rappeler comment en usait à l'égard de ses confrères sans crédit un bel artiste que nous avons approfondi non moins que respecté. Ce très galant homme, original s'il en fut, nous en convenons ici, mais non pas fou comme se complaisaient à le crier par-dessus les toits de Paris un tas de fruits secs qui cependant ne se mouchaient pas du pied, et fort intéressés d'ailleurs à tourner en ridicule un ouvrier opiniâtre auquel nul d'entre eux n'allait à la cheville, ce rare oiseau, non seulement volait toujours de ses propres ailes, mais encore il les prêtait volontiers à quiconque lui semblait digne de planer au-dessus de nos platitudes et de nos haines mesquines. A ce sujet, il méritait assurément le qualificatif de « toqué » que certains hâbleurs de brasserie affectaient d'accoler à son nom et que s'empressaient de vociférer en chœur tous les fainéants orgueilleux qui ne pouvaient prendre sur eux de pardonner à ce poète actif et trop modeste d'accomplir ce que leur paresse les empêchait d'entreprendre et consistant, selon son expression, uniquement en ceci : « Rester chez soi de l'un à l'autre crépuscule et tâcher d'y noircir beaucoup de papier ! » Entre mille, il nous souvient d'un fait, lequel permettra d'apprécier le cœur de ce philanthrope qui se targuait de ne l'être point, afin d'ébahir ses contempteurs, voire ses admirateurs, car il aimait à passer pour fantasque et, vraiment, il l'était autant que généreux, lui qui répétait sans cesse à ses intimes, dont je fus avec quelques hirsutes assez bien peignés aujourd'hui : « Soyez aumôniers ; il suffit de cinq centimes à tel affamé pour avoir au moins un sou de génie !... » Or, un matin, en 1860 ou 61, il pleuvait à flots et nous hésitions à nous lever, ne nous sentant guère le courage de mettre en contact nos bottes crevées et le boueux macadam, on frappa trois coups précipités à la porte de notre garni. Comme tous les impatients et crédules apprentis en littérature qui rêvent d'amour et de gloire en leur abandon et leur détresse, nous nous imaginâmes que la fortune s'était enfin décidée à nous visiter et qu'elle se disposait à nous apparaître sous la forme de quelque damerette rose et blanche, très facile... et nous ouvrîmes. Habillé correctement, d'ordinaire, et presque négligé, ce jour-là, le parfait écrivain, à qui ma gratitude est acquise à jamais, ses longs cheveux gris épars sur ses épaules un peu voûtées, entra comme un coup de vent :

— Avez-vous lu *Sincérité*?

— Point.

— Tant pis pour vous ! un vrai livre, celui-là !

— Des vers ou de la prose?

— Un mélange.

— Et de qui?

— C'est signé : J.-Z.-X.-K. Barroc;

connaîtriez-vous par hasard quelqu'un s'appelant ainsi ?

— Personne.

— Eh bien, debout ! en marche ; il faut qu'avant ce soir nous ayons déniché ce phénix... inaperçu.

— Pourquoi ?

— Je l'estime et veux le lui prouver aujourd'hui même.

— Il a donc, ce rimeur ignoré, beaucoup de talent ?

— Autant que celui qui vit là-bas dans l'île, et non moins que le divin Théo, de Neuilly.

— Bah !

— Parole ! et voyez...

Il avait ôté de l'une des poches de son ample twine, qui lui battait les mollets comme une queue de soutane, une brochure à couverture jaune où s'étalait, en rouges majuscules, le titre de l'ouvrage avec le nom de l'auteur.

— Ah ! c'est ça ?

— Dame !

Et là-dessus, il me déclama fiévreusement un sonnet très bien tourné, ma foi, nullement vulgaire, et deux poèmes en prose, imités de lui-même et qui nous plurent fort.

— Oui, j'en conviens, ce n'est pas mal, en effet, cela.

— Comment, pas mal ! Étonnant, incomparable et... génuine, voulez-vous dire ; en route, allons !

— Attendez au moins que j'achève de me vêtir ; il ne serait pas décent de courir les rues en chemise et la chevelure hérissée ainsi que ce sauvage du Canada dont vous fûtes si charmé naguère à la foire au pain d'épice.

— Sapristi, dépêchez !

— Où donc irons-nous ?

— Est-ce que je le sais !... A défaut de l'estampille de l'éditeur, il y a là, sur la dernière feuille de cet opuscule, l'adresse du typographe, et celui-ci, je spécule sur sa loquacité, nous renseignera... Vite, vite, mon bon!

Nous sortîmes; un fiacre passait, nous nous y jetâmes, et fouette tes rosses, cocher! Rue du Bac, elles s'arrêtèrent devant un portail grand ouvert et nous accédâmes, après avoir mis pied à terre et traversé plusieurs préaux, en un vaste local où P. D..., alors imprimeur et maintenant chroniqueur et dramaturge, houspillait ses nombreux salariés, protes, compositeurs, metteurs en page, tireurs, plieurs, etc...

— Provient-elle de vos presses, cette plaquette?

— Oui; l'an dernier, un bas percé, jeune encore quoiqu'il parût assez vieux, m'en apporta le manuscrit et fit les frais de l'impression que, séance tenante, il me paya; j'en suis toujours étonné, car il était dans une débine...

— A cette époque, où demeurait-il, s'il vous plaît?

— Il ne demeurait pas ! Un rapin, avec qui souvent il vint corriger ses épreuves, lui donnait l'hospitalité. Tous les deux furent évincés de leur gîte, à ce que j'appris un soir d'un statuaire sans ouvrage, sur le pont des Arts ; et depuis lors, je n'ai plus vu ces meurt-de-faim.

— Où perchait, en ce temps là, le peintre en question ?

— Aux abords du Grand-Montrouge, impasse des Riquenquois, n° 20, près de la Glacière.

— Il s'intitulait ?

— Turlututu !

— Quelle plaisanterie...

— Hé ! non pas du tout ! il avait probablement un autre nom, mais je l'ignore ; et ce Bousingot traitait son camarade de : Triste-à-Pattes ; évidemment des sobriquets, tout ça... "

Comme nous étions déjà dehors, nous remontâmes en voiture, sans en ouïr davantage, et bientôt une horrible prison, qui remplace avec Mazas aujourd'hui la Bastille détruite en l'autre siècle, surgit à nos yeux, sous l'averse, au milieu d'un lac de boue !

— Impasse des Ri...
— ...quenquois ?
— Oui, citoyen, oui.

Le passant interpellé nous désigna vers la barrière un pâté de huttes lépreuses au centre desquelles s'érigeait une bâtisse ayant au moins trente fenêtres sur sa façade et banale comme une caserne contemporaine. Assez bourru, le concierge, qui ressemelait une paire de souliers, nous reçut très mal.

— Ho ! le drôle que vous cherchez s'est peut-être pendu. Je le souhaite pour lui. Sans quoi, tôt ou tard, il sera guillotiné, ce bambocheur ! A lui le pompon pour déménager à la ficelle ! Il est vrai que tout son saint-frusquin ne valait pas quatre sous ! On ne prétend pas que vous soyez du même calibre, vous autres. Seulement, puisque vous semblez avoir l'air de ne pas vouloir me lâcher, allez voir à l'Hôtel-Dieu si ce fricoteur y est encore et si j'y suis avec lui...

Munis de ce vague renseignement, nous courûmes au susdit hôpital. On crut là que nous nous moquions en réclamant Turlututu. Fort heureusement, un interne qu'épiait sous le porche une grisette du quartier latin (il y en avait encore quelques-unes à cette époque là), s'approcha de nous, comme le gardien de service, aussi, sinon plus rogue qu'un sergent de ville, nous invitait à nous retirer, et tout à coup s'écria :

— Je le connais, ce pauvre bougre! Un Flamand de Lille, blond filasse, grêlé, rabougri, les écrouelles et phtisique comme un singe. Il doit être mort; et, s'il ne l'est pas, il le sera tôt. Attendez donc! C'est moi qui l'inscrivis : Aimé-Tony-Bruno Lampe. Un excellent garçon! Il avait trop bu dans sa vie et pas assez mangé. L'un de ses oncles, liquoriste ou limonadier, un Bonnassiette, celui-là, qui loge avenue des Vimes, à Charonne ou bien au Gros-Caillou, je ne sais pas au juste, en eut pitié. Grimpez là-bas. Si mon ancien client de la salle 9 n'a pas cassé sa pipe, on vous dira là peut-être en quel cul-de-sac il est en train de cracher ce qu'il lui reste de poumons.

Aux bords de la Seine, non loin de Bercy, dans une plaine à peu près déserte et ravinée par les eaux du fleuve et du ciel, nous découvrîmes non sans peine le débitant indiqué.

— Mon sacré neveu, nous répondit-il, est enterré depuis la Noël. Il m'avait quitté, tant pis pour lui ! Rien ne lui manquait avec moi; cet animal-là préféra se rendre, pour y crever de faim, au carrefour de la Taupe, 8 ou 7, auprès du boulevard de Montparnasse, chez un de ces farceurs qui travaillent dans les feuilles publiques...

— Hein ?

— Il avait bien la mine d'un propre à rien, ce panné-là.

— Qui se nomme ?

— Ah ! voilà ! Croc ou Ducroc, quelque chose comme ça...

Nous rebroussâmes chemin et nous atteignîmes, assez perplexes, un entrecroisement de ruelles où nous n'espérions pas être plus heureux qu'ailleurs dans nos investigations.

— Il n'y a jamais eu de *Barroque* ici, nous riposta le propriétaire d'une sorte de cassine enfumée, à deux étages : ailleurs, cherchez ailleurs.

— Un journaliste ?

— Est-ce que nous avons affaire à ces espèces-là ! Voyez à côté, chez le voisin, où l'on loue des chambres à la nuit et même à l'heure...

A cet instant, une affreuse vieille à l'œil cupide et le nez crochu, surgit en de sordides haillons, sur le carré.

—Madame Tricon, avez-vous sous-loué des fois l'une de vos quatre pièces à quelque gribouilleur, un certain... comment, déjà ?

— Barroc !

— Il y a toujours chez moi le gâteux qui, jadis, composait des couplets et les rossignolait dans les cours.

— Son nom ?

— Ah ! ma foi, bernique ! Il est du Midi. Sa sœur arrive demain, une veuve Dorbes ; apparemment, elle me soldera tous les frais, mes soins et mes débours, ou gare le chabanais ! Si ces messieurs ont envie de causer avec mon pensionnaire, qui eut la chance de tomber en cette maison et dont il me tarde bien d'être débarrassée, qu'ils s'amènent ; oui, la vue n'en coûte rien ; il n'est pas méchant en ce moment-ci ! Tant vaudrait un agneau, depuis son dernier accès ; ah ! ce jour-là, sans le sapeur qui chauffait ma femme de ménage, cette vache d'Amanda que j'ai fichue dehors, il piquait une tête sur le pavé...

Quoique nous en eussions, nous nous enfournâmes avec cette répugnante matrule en une sorte de cabinet sans cheminée, éclairé par un œil-de-bœuf plongeant sur le corridor, et là, dans cet antre infect et très étroit, quand une lampe à pétrole eut été allumée, nous aperçûmes sur une paillasse en lambeaux une créature humaine, laquelle, à notre aspect, se pelotonna tel qu'un félin et gloussa comme une poule qui pond.

— Il déchire tout son linge, observa la logeuse ; aussi le laissons-nous tout nu ; ça ne lui fait rien : il ne sent ni le chaud ni le froid ; approchez, il n'y a pas de danger...

Aux rais fumeux du luminaire apparut un buste émacié couronné d'une face où saignaient des yeux hagards que les larmes avaient éternellement rougis. Étendu sur le flanc gauche et les bras en croix, l'hôte de cette cage léchait on ne sait quel papier graisseux et souillé, comme une lice lèche sa portée... Une main crispée nous étreignit au coude et notre compagnon s'était penché pour mieux distinguer les caractères empreints sur la chiffe que froissait l'idiot, lorsque celui-ci, d'une voix flétrie et baveuse, articula très péniblement ces mots :

— Oui, ça ; moi, ça !

L'éminent rhéteur ayant murmuré : « C'est lui ! » se fouilla, se découvrit et, le chapeau à la main, y tenant aussi l'opuscule acheté sur les quais, debout, à la fois solennel et poli comme s'il se fût trouvé devant les Quarante, adressa la parole à ce corps sans âme :

— Il n'y a que vingt-quatre heures, monsieur Barroc, que j'ai eu l'honneur de lire vos œuvres, ou tout au moins l'une d'elles : *Sincérité*, que voilà, et je viens avec mon jeune camarade vous en féliciter cordialement. Un styliste très rigoureux, c'est vous ; et moi, votre vigilant aîné, je me propose de faire part à mes insignes émules, Sainte-Beuve, de Banville, Leconte de Lisle et Théophile Gautier, de mes vives impressions à la lecture de votre livre...

Un double pleur presque aussitôt séché dans deux orbites enflammés avait lui comme un éclair d'intelligence au front dévasté de ce misérable qui tenta de saisir la brochure tendue vers lui, pareille à celle sur laquelle il s'était tant vautré ; mais soudain un rauque sanglot jaillit de sa poitrine concave, toute déchirée, et lui-même qui bondissait, livide, écuma comme une bête fauve en hurlant :

— Triste-à-Pattes ! Triste-à-Pattes ! Triste-à-Pattes !

Et aussi :

— Turlututu !...

Puis il exhala d'une voix de ventriloque, semblant monter d'un abîme, des stances alors à peu près inédites, aujourd'hui très populaires, si pénétrantes et bien cousues quoiqu'insuffisamment rimées à la Musset, de qui leur auteur fut le trop respectueux disciple, et qu'en 1858, plusieurs mois avant d'avoir été vendues à quelque marchand de cahiers de chansons à dix centimes, lequel demeurait dans la rue Dauphine à distance égale du Pont-Neuf et du carrefour de Buci, nombre de mes amis du Quartier latin, étudiants, artistes, savants, entre autres Henry du Cleuziou, Jules Martin, Léon Dugas, avaient tant fredonnées, en présence de nos camarades Henri de La Roche, qui les avait écrites, et François Lafaye, qui les avait mises en musique, au café Belge, à la brasserie Mazarine, au Prado, partout où nous nous réunissions pour conspirer beaucoup et rigoler un peu; cette romance, Rêves de Jeunesse, que bourdonnait le dément exténué, la voici.

Joyeux enfants du pays de Bohême,
La liberté fut mon bien le plus doux;
Voici le temps où l'on vit, où l'on aime,
J'ai résolu de vivre parmi vous.

La pauvreté n'a rien qui m'épouvante,
Elle n'abat que les plus faibles cœurs;
Je veux ma place au soleil qui me tente
Les bois sont verts, les lilas sont en fleurs.

Il soupira, gémit tout doucement et reprit :

Un joug honteux, dès mon adolescence,
Laissa mes jours dans l'ombre se flétrir;
Mon cœur fermé vivait d'indifférence :
Ah! vivre ainsi, c'était deux fois mourir.
Mon âme, enfin, jette un cri de détresse :
Mon front rayonne à travers tous ses pleurs;
Soleil de mai, rendez-moi ma jeunesse :
Les bois sont verts, les lilas sont en fleurs.

Ayant repris haleine, il poursuivit ainsi, comme inspiré :

Je sais fort bien qu'on nommera folie
Ce libre essor d'un cœur indépendant;
Que bien des voix empreintes d'ironie
Voudront ternir mon rêve éblouissant;
Mais ce matin j'ai vu les hirondelles
Qui du printemps célébraient les douceurs;
Je suis poète et je me sens des ailes :
Les bois sont verts, les lilas sont en fleurs.

Ses flancs, ébranlés par une quinte de toux, se soulevant et battant encore, il chevrota :

Nul ne saurait trahir sa destinée,
J'ai besoin d'air, de lumière et d'amour ;
D'illusions la route est parfumée,
Je veux chanter jusqu'à mon dernier jour ;
Si par malheur en chemin je succombe,
Pour qu'un parfum passe sur mes douleurs,
O mes amis, allez creuser ma tombe
Sous les bois verts et les lilas en fleurs.

Ensuite, grimaçant comme un macaque, il roucoula cette obscène ineptie qu'on braillait chaque soir dans les beuglants de Paris, sous l'Empire du « chérubin » de la Beauharnais de Hollande, qui, lui, ce prince magnanime, recommandait à sa police de les laisser fleurir et s'épanouir en paix, afin que les saines et nouvelles générations amoureuses de la République y consumassent leur sève virile et s'y pourrissent sur les seins homicides des Vénériennes qui, cocasses et lubriques, se saoulant avec leurs bandes pantelantes d'accubiteurs, applaudissaient frénétiquement ça :

> Zon, zon, zon; zon, zon, zon.
> Vieille Suzon,
> Émousse ta toison
> De bique
> Étique
> Qui gêne et pique,
> Ou je te fends le bec
> Avec
> Mon contre-bec,
> O gueuse
> Pileuse
> Trop juteuse,
> Et n, i, ni
> Ce sera fini;
> Ma Nini!

Finalement il se tut, à bout de souffle, et nous partîmes navrés, mon Mentor et moi, tandis que, grinçant des dents, en proie à ces convulsions appelées spasmes cyniques ou ris sardoniques, il se tordait sur sa litière comme un ver.

— Ramollissement du cerveau, compliqué de folie furieuse, il est perdu! nous dit, en regagnant le fiacre, ce fraternel philosophe que nous avions accompagné dans son louable pèlerinage; ah! quel enfer a-t-il traversé pour aboutir là. C'était un esprit, un cœur! Après tout, il nous lègue une belle page; eh! mon Dieu, parmi nous, qui donc à sa mort peut se vanter d'en laisser autant à la postérité!... Je veux que cet obscur étincelle un jour avec ses poésies en celles que je médite et dont le titre sera :

LES MAÎTRES SANS NOM

Hélas! celui qui me confiait son pieux dessein est tombé prématurément en rimant ses vers magiques, et personne, que je sache, n'est à même aujourd'hui d'assurer l'immortalité à cet inconnu dont les travaux, très dignes de remarque, avaient tant et tant touché la fibre à feu Charles Baudelaire...

Février 1882.

Kyrié-Éléison

— 1842 —

KYRIÉ-ÉLÉISON

A Monsieur d'Aspremont-Lynden

Ex-ministre des affaires étrangères, en Belgique.

Si vous haïssez tout ce que j'aime et si tout ce que vous aimez je le hais, alors, pourquoi donc sympathisons-nous ensemble, vous, autoritaire, et moi, démagogue?... Un jour, je me propose, quelle qu'en soit la difficulté, d'analyser cela! Mais, en attendant, un seul mot très synthétique me suffira : Noble, vous êtes ce que je suis aussi, moi, vilain : un vrai paysan, amant de l'incompréhensible et sempiternelle nature. Or, veuillez, s'il vous plaît, vous, ancien, qui datez au moins des Croisades, agréer, en témoignage des sentiments que m'inspira votre cordialité, la dédicace de ces quelques lignes écrites en courant par moi, nouveau, qui viens tout au plus de 93.

Votre...,
L. Cl...

Adelante toro!...

Tous les carlistes, ennemis de Christine, anciens soldats de Zumalacarreguy, qui, battus par le duc de la Victoire, Baldomero Espartero, s'étaient réfugiés en cette ville du sud-ouest de la France, à proximité des Pyrénées, scandaient en chœur la même exclamation, eux, si taciturnes, si somnolents d'ordinaire, mais, ce jour-là, galvanisés, électrisés à ce spectacle qui leur rappelait leur inflexible patrie, l'Espagne, loin de laquelle ils languissaient, exilés ; et, tout en hurlant à tue-tête, massés dans un coin de ce cirque où jusqu'alors on n'avait assisté qu'à des combats de bêtes :

ours, sangliers, loups, baudets et bœufs contre des dogues, ils applaudissaient à tout rompre le taureau qui venait de balayer en un clin d'œil l'arène de tous les hommes acharnés sur lui.

— *Bravo, Negro ; bravo !...*

Noir, effectivement ; trapu, musclé, la croupe montueuse et le mufle camus, il beuglait. En sortant du toril, il s'était conduit comme pas un. Nullement intimidé par les tonnerres d'une musique martiale, et non ébloui par les flammes de la canicule, il avait parcouru le stade au galop, tantôt rasant de ses narines la terre ébranlée, tantôt se fouettant les flancs de sa queue et reniflant en toisant le soleil. Et provoqué de tous côtés, il s'était rué sur les assaillants, éventrant tout d'abord deux chevaux, estropiant les picadores, et dispersant ensuite des nuées de chulos et de banderilleros. Une *spada* sous laquelle avaient déjà succombé plusieurs de ses compagnons de route et d'étable ainsi que lui voués à la tuerie, ayant été deux fois atteinte en plein buste, osa, malgré les huées de ses pays, *carajo! coño!* abandonner le champ d'honneur où quelques haridelles, entre autres un grand cheval blanc qui paraissait emmailloté d'une moustiquaire aux rets enduits de vermillon, tant son poitrail et ses côtes étaient zébrés d'écorchures, se traînaient en renâclant, avec ce sourire tout en dents des animaux en proie aux affres de l'agonie, entravées par leurs entrailles jaillies, palpitantes, de leurs ventres décousus, et tout enroulées autour de leurs paturons. Il semblait que tout fût fini ! Mais un cuivre résonna sous la coupole de l'édifice, et vêtu de satin et de paillons, ses cheveux formant chignon enveloppés d'une résille, en escarpins de soie et le fer au poing, Gardèz ou plutôt *El Rojo*, surnom qu'avait valu depuis déjà longtemps à ce tauromaque la couleur ardente de son poil, entra gracieux et jovial en l'enceinte néfaste où gisaient presque tous ceux de la *Cuadrilla*.

— Matador ! *El Rey de los matadores ; el matador !...*

Encore grisé par ses triomphes de la dernière course, où plus de vingt Cordouans, autant de Camarguais, étaient tombés à genoux devant lui, foudroyés, touchés au cœur, il alla se planter, sa *muleta* d'une main et son glaive de l'autre, en face de l'indomptable qui l'attendait de pied ferme et qui, tout à coup, s'élança, soulevant un tel tourbillon de poussière que chacun au pourtour des galeries en fut aveuglé. Quand le nuage se déchira, l'on aperçut le torero chancelant, le flanc percé ; la pointe de son épée s'était brisée sur l'os de l'épaule gauche du *brau* d'Andalousie, qui, l'encolure chargée de banderilles et d'écharpes, le cuir tailladé par de vaines estocades, secouait en mugissant ses fanons qu'on eût dit teints en pourpre ainsi que ses naseaux, d'où s'exhalait, fumante, une double buée. Ah! pour le coup, il avait vengé tous ses pareils, agonisants ou morts, ce condamné-là! Ses cornes lisses et courbes, claires à la racine et brunes à l'extrémité, suintaient toutes dégoûtantes du sang de ses victimes, quadrupèdes et bipèdes, et faute d'antagonistes, il vivrait! Il en eût peut-être été quitte à si bon marché, mais les péninsulaires qu'enivraient ces jeux atroces autant qu'héroïques légués à leurs pères par les Romains, dominateurs de la vieille Ibérie, se révoltaient à cette idée, et tout le public, enflammé comme eux, leur fit chorus et vociféra :

— *Muerte! Muerte!...*

Or, comme personne ne se souciait de tenter la mort, un Castillan aussi bronzé et non moins brave que les Sarrasins dont il était issu cria :

— J'y vais!

Et, descendu de son banc, il franchit le couloir et la palissade qui sépare l'arène de l'amphithéâtre, et, bondissant sur la piste, il y ramassa le long poignard sans garde à poignée courte échappé depuis un moment à la droite défaillante du toréador, et courut à l'animal, qui, cette fois-ci, ne bougea ; seulement, ayant avec sa langue enlevé les filets de morve qui gluaient de sa bouche embrasée, il gratta de ses ongles humides le sable où stagnait une mare écarlate en laquelle il avait l'air de se mirer.

— *Adelante, hijo !*

Plus d'un Celte à peine encore francisé riposta :

— Fils, en avant !

Il n'avait pas besoin, cet intrépide, d'être encouragé.

— *Caramba !* tel fut, en se précipitant, son premier cri ; *Dios mio !* le deuxième, en tombant à son tour, une corne enfoncée dans l'aine, et toutes les lividités funèbres épandues sur sa face ; ensuite il ajouta, râlant : *Yo soy enfermo !*

Non seulement infirme, mais supprimé, tué, détruit. Et tandis qu'il rendait l'âme, il ouït les ovations de la foule saluant son meurtrier, horrible de rage et beau d'horreur.

— Assez ! assez !...

Un concert unanime de protestations étouffa cette plainte isolée, et plus que jamais on acclama l'Andalou qui s'était jeté la tête basse sur des rosses couchées en tas pêle-mêle avec leurs cavaliers et là, crevant, pilant, broyant des crânes et des reins, il se jucha sur un monceau de cadavres, et brandissant son front terrible aux yeux de braise et d'où pendaient des lambeaux d'étoffe et de chair ainsi que des touffes de crins et des débris de boyaux, il mugit, tel que celui de ses ancêtres immortalisé par le pinceau tout-puissant de Goya.

— Partons !...

Et tous les timides, n'étant plus soutenus par leurs nerfs, s'évadaient de toutes parts en dépit des objurgations des vaillants qui, d'ailleurs allouvis, réclamaient encore et toujours l'abattage du vainqueur...

— Un peu de courage, capons ! Arrêtez vos coliques !...

Enfin, tout le monde se tut, et de nouveau le silence régna parmi cette multitude folle ou consternée. Un blondin, qui grisonne aujourd'hui, jamais il ne l'oubliera, subissait une telle émotion qu'il salit à son insu le fond de ses culottes ! Soudain, au sommet des gradins une voix grêle, mais calme, celle d'un vieillard ou peut-être d'un enfant, on ne savait trop au juste, s'éleva :

— Hé bé, *damos et moussus*, seul, ici, moi je dompterai ce farouche, et je me charge avec plaisir de cette besogne, si l'on me promet de me laisser faire ensuite de lui ce que j'en voudrai.

— Bon, oui, vas-y !

Lors dévala de la cime du colisée un

terrien entre deux âges, à la perruque poivre et sel, aussi maigre que la branche de houx qu'il tenait à deux mains, et non moins hérissé, malgré sa figure paterne, que l'affreux chien poilu qui le suivait en boitant.

— Té, té, nargua quelqu'un, est-il assez curieux ? un magicien, sans doute, celui-ci !

Magicien ou non, il marcha paisible vers la brute effrayante et comme marmorisée qui ne le voyait pas venir. El Rojo, se mourant tout près de là, lui tendit son épée en disant :

— Troue-lui le cœur et même les poumons !...

Au lieu d'accepter l'arme offerte, il se débarrassa, cet étrange individu, de son bâton épineux et commanda d'un coup d'œil à son barbet de « rester là »; celui-ci, docile, obéit immédiatement, et, posé sur son séant, il geignit, tandis que son maître, absolument désarmé, poursuivait sa marche hardie en déboutonnant sa casaque de bure grise qui le désignait aux citadins pour un campagnard des montagnes Tarnaises.

— Il marmotte et soupire comme un abbé, ce pacant-là !

Perçut-il ces paroles ? il se retourna vers le faraud qui les avait prononcées et doucement, en signe d'affirmation, inclina sa caboche tondue ou chauve à la cime, assez semblable à celle de quelque desservant de paroisse rurale, et continua, toujours pacifique, voire onctueux, à s'approcher de l'*invincible;* et comme celui-ci, n'entendant et ne distinguant rien, roulait sa tête monstrueuse à travers des boues sanglantes, il l'appela de l'un des noms que les laboureurs appliquent, selon la nuance de leur pelage, aux traîneurs de charrue :

— Ha, *Maourel !*

Le « Maure », le furieux, interpellé ainsi, pivota sur ses jarrets et, se trouvant vis-à-vis du téméraire, il se ramassa sur lui-même, et ses sabots fourchus émiettèrent le terrain, qui vola derechef autour de lui comme un essaim de mouches. Et tandis qu'un grondement sourd, étouffé, caverneux, participant du sanglot des onagres et du murmure des lions, lui sortait de la gorge, léchées par les feux du couchant, les tiges métalliques accrochées à sa robe lacérée avaient des reflets d'or et d'argent et pétillaient ainsi que des étincelles. Alors le bonhomme arrondit ses lèvres rases, se prit à siffler, et l'on fut aussitôt témoin d'un étrange duel. A mesure que les sifflements, d'abord fort aigus, s'adoucissaient peu à peu, les prunelles incandescentes d'el Negro s'attendrissaient, se mouillaient, s'éteignaient elles-mêmes, et son attitude changea dès que ses oreilles eurent été frappées d'un roucoulement allègre et mélancolique à la fois produit par cette bouche humaine; on eût dit deux pigeons en train de se becqueter. *Roucou, roucou,*

roucou!... C'était de la sorcellerie, oui, cela! L'animal penchait à droite, à gauche, son chef cornu, tel qu'un caniche attentif aux ordres articulés de son éducateur, et puis il fit un pas en avant, un autre, encore un autre, mais sans colère, étonné, subjugué, magnétisé, ravi, se souvenant peut-être des pâturages de ses gorges natales à travers lesquelles se poursuivaient, épris, des ramiers et des palombes, ivres d'azur et de liberté. *Roucou...ou, roucouou, roucou...ou...ou!* Bientôt il n'y eut plus entre eux que la distance qu'un bouvier met entre son aiguillon et ses bœufs, et cet espace fut franchi, non par l'homme, mais par la bête. Elle vint appuyer son mufle endolori, tuméfié, saignant, tout contre les mains veineuses et ridées du charmeur, qui tranquillement lui caressa la chevelure, l'échine et le garrot. Ahuris, les Espagnols écarquillaient les yeux, ne soufflaient plus mot, et découvrant en cela quelque chose de merveilleux ou de miraculeux se signaient de haut en bas, effrayés aussi. Quant aux Français, ou plutôt aux Gascons, ils avaient, au contraire, recouvré l'assurance en même temps que la parole, et l'un d'entre eux, en désignant le rustre, gueula :

— Je le reconnais! Il a pendant longtemps servi la messe aux curés de la contrée, et c'est le cadet du serpent de Saint-Rémy.

— Voilà la vérité, répliqua l'enchanteur en essuyant le poitrail abimé du taureau, la pure vérité!

— Donc, tel père, tel fils! On s'explique à présent que tu fascines si bien le bétail: Aucun basilic ne t'égale en ce monde et tu te nommes Samadou dit Kyrié-Éléison, toi?

— Kyrié-Éléison et Samadou, positivement, oui.

— Bon! Et tu n'as pas la pépie, à ce qu'on prétend dans notre hameau, toi, l'éveillé?...

— Non! Dieu merci!

Le calme étant rentré dans tous les esprits et personne n'ayant plus rien à craindre pour sa sécurité, l'on rit beaucoup en apprenant du loustic, un bavard s'il en fut, que le reptile, le *basilic*, le *serpent* en question, n'était autre que l'ophicléide d'une paroisse des environs; un des enfants de ce sonneur-là, le second, après avoir été chantre, sacristain et bedeau, s'était enfui dans les montagnes d'alentour, où, grâce à quelque savant, il l'était devenu lui-même à ce point qu'on l'appelait sous tous les toits pour y rebouter des membres, en chasser les revenants et même y guérir vieux et jeunes de la foire et du vertigo; bref, un mire, un mage, un sorcier!...

— Et très crâne, affirma-t-on à l'unanimité, sans pareil, le premier des premiers; assurément!

— Tenez, dit-il en arrachant habilement les dernières flèches barbelées fixées dans la peau de l'Andalou qui, les paupières mi-closes, bâillait d'aise en découvrant sa mâchoire supérieure sans dents ainsi que celle de tous les ruminants, ses congénères, il est apprivoisé ; je savais bien que je le courberais, ce tout petit, moi ; pour assouplir les sauvages, rien ne vaut un peu de charité, franchement ! et qui soulage un loup, le rend maniable comme une ouaille !

Et là-dessus, enlaçant l'une des cornes du triomphateur qu'il avait éclipsé, lentement, il le guida vers l'une des portes du cirque ; ils en touchaient le seuil tous les deux, ou plutôt tous les trois, car le chien du paysan trottait derrière les jambes et sur les talons de son maître, lorsqu'un de ces envieux qui naissent toujours en ce monde sous les pieds de chaque héros ricana :

— Comme il se carre ! après tout, il n'y a pas de quoi s'enfler, et ce n'était pas la mer à boire...

— Hé ! répliqua-t-il, les yeux bridés et les joues plissées, en se retournant du côté de l'aboyeur, il te fallait en faire autant, toi, le malin !

Et pendant que deux attelages de mules, qui blanches et qui noires, richement harnachées et portant autant de pompons que de grelots, enlevaient des arènes les huit ou dix corps pantelants qui la jonchaient, épars çà et là, Kyrié-Éléison entraîna dehors l'auteur de ce massacre ; on les salua cordialement et bruyamment comme ils sortaient, s'en allant ensemble, le conquis et le conquérant : tel l'homme avec son taureau, qu'un ânier avec son âne, un chasseur avec son braque ou son épagneul, un pâtre avec l'une de ses brebis ou quelque agneau...

— Bonsoir, Serpent !
— *Hasta la vista, Toro !*

Septembre 1883.

Toute à Tous

— 1867 —

Toute a Tous

Xérès, lacryma-christi, porto, johannisberg, géru, château-yquem, moët, tous ces vins fantasques dont, avant ce jour-là, la plupart des convives n'avaient bu jamais, étincelaient ou moussaient dans les coupes, les verres et les flûtes alignés devant eux; et pendant qu'au cœur des ténébreuses nues, souvent illuminées par des éclairs ou déchirées par des zigzags de flammes, grondait le tonnerre, et que, sur les toits des environs, ses carreaux tombaient tantôt droits comme des perpendiculaires, tantôt courbes comme des paraboles, on toastait sous les lambris de l'Hôtel du Capitole un ancien élève du Lycée et de l'École des Beaux-Arts, arrivé la veille de Paris et reçu par les députés du département et les membres du Conseil municipal en triomphateur, ainsi qu'autrefois à Rome tel consul vainqueur du Thrace ou du Germain; car, enfant de la ville, Édouard Dayrio le sculpteur avait obtenu sur les rives de la Seine le prix d'honneur au Salon avec sa colossale statue du plus grand des Gaulois, Vercingétorix...

— Hé! les sans-souci! s'écria tout à coup l'organisateur de ce banquet fraternel, un joyeux drille et pharamineux rapin qui passait pour irrésistible au déduit comme en guerre, on a, je suppose assez liché; puis ici, mes petits, ça manque de jupes; si nous poussions jusqu'au bal de Marengo, nous y battrions d'abord les *grisets* et puis nous leur soufflerions leurs belles, qui chahutent à ravir...

— En avant, en avant!

On se leva de table aussitôt, trente ou quarante marches furent descendues en un clin d'œil; en bas, dans la cour, on s'empara de huit à dix citadines, sortes de fiacres languedociens, en lesquelles toute la folle bande empilée, bravant l'orage qui découronnait les toitures et déracinait les ormes du boulevard des Albigeois, roula, par les rues inondées, jusqu'au milieu des allées La Fayette, où les cris d'une multitude de danseurs et les mugissements d'un orchestre de cuivres couvraient parfois la rumeur du vent et les éclats de la foudre. Une fois là, le programme adopté fut religieusement tenu, mais le guet survint, et, quand on l'eut aussi rossé, lui, bon gré mal gré fallut-il déguerpir à toutes jambes, afin de ne pas être empoigné par les patrouilles...

— Et que devenir à présent, où se sécher? Rien n'est ouvert.

— Une idée, riposta le boute-en-train; non loin de ce bastringue, il y a la caverne où gîte la terrible Basque et ses lieutenantes ; allons-y ?...

— Ça va !

— Filez...

Seul, un peintre en miniature, et qui lui-même en était une, exquise, vivante, avec son gracile corps d'éphèbe, ses longs cheveux blond cendré, fins comme ceux des femmes, et ses grands yeux bleu de pervenche, aussi timides que ceux des vierges de keepsakes, se défendit obstinément de suivre là ses camarades, tous plus ou moins gris.

— Ah bah ! pour une fois !... hurla le barbouilleur ; histoire de rire un brin ! et puis, quoi ! tu les regarderas et n'y toucheras point ; on te jure que personne n'en saura rien.

— Non, non !

Une dizaine de mains saisirent le récalcitrant sous les aisselles et, quoiqu'il en eût, l'entraînèrent tout près de la colonne élevée en l'honneur de la victoire remportée en 1814 par Soult sur les Anglais de Wellington et leurs auxiliaires d'Espagne et de Portugal, au fond d'une riche et louche maison où, pareilles à des statues animées d'albâtre et de bronze clair, veinées d'azur et recouvertes de gazes transparentes, s'ébattaient de grasses et brunes luronnes, déjà vieilles, quoique très jeunes, la plupart...

—Et Flore! et la Poule-Major! interrogèrent en entrant tous les visiteurs, aussi tumultueux que l'ouragan, elle n'est donc pas là?

— Minute, ohé! fit, derrière une lourde portière de velours jaune rayé de noir qui s'écartait lentement, une voix vibrante et mordante aux accents de laquelle tous ces libertins tressaillirent en chœur; à qui votre sultane doit-elle jeter le mouchoir, esclaves?... Hardi, les coqs, aiguisez tous vos ongles et vos becs, s'il en est un parmi vous qui cane, gare à lui!

Puis, sur le seuil d'un boudoir orné d'un

vaste sopha circulaire or et feu, la lascive reine apparut...

— Te voilà, lui cria-t-on, aussi crâne que tu l'étais hier et plus chic encore que l'autre jeudi.

— Sans doute ; et, maintenant de même qu'alors, *Toute à Tous !*

Et celle qui, dès ses débuts, s'était rendue digne de ce nom de guerre en préférant à n'importe qui tout le monde étala cyniquement sa magnifique et banale nudité...

— Dieu ! murmura tout ébloui le chaste artiste que de force on avait mené là, quel modèle !

Ouït-elle ce cri d'admiration mal étouffé ? Lut-elle dans les yeux attendris et vraiment respectueux qui parcouraient de haut en bas son corps souple et robuste, où, semblables à des globes de pur Paros, se dressaient ses seins profanés ? Secouant sa massive crinière rousse, d'où jaillissaient ensemble des vapeurs et des étincelles, elle s'avança, telle que Mélusine, vers ce discret adorateur égaré dans ce temple de luxure, où tout, excepté la décence, était permis à quiconque, et, charmée à son tour, rougissante, elle qui depuis si longtemps ne rougissait plus, alanguie et presque pudique aussi :

— Comment t'appelles-tu, toi ?

— Thierry.

— Veux-tu que je te dise : hier encore, je n'avais jamais vu d'anges et je n'y croyais pas, mais aujourd'hui...

— Démon !

— Oui, pour tous ceux qui m'entourent, hormis un seul, toi.

— Pour moi, moins que pour tout autre, vraiment ?...

— Oui, mon rêve.

— Alors, je te plais ?

— Un peu.

— Pas du tout ?

— Oh si, beaucoup.

— Autant que je t'aime ?

— Eh ! m'aimerais-tu donc, toi, par hasard ?

— A la folie !

Une telle idylle en ce cloaque dont la pluie diluvienne flagellait les fenêtres cadenassées, avait tellement abasourdi ces mauvais garnements qu'ils n'en revenaient pas ; et leur chef de file, trouvant que ça n'était plus drôle du tout et que lui-même devenait mélancolique et bête, se hâta de demander des torrents de champagne et des flots de gaieté. L'on fut servi sur-le-champ par des gouges charnues, quasi difformes, et l'orgie, commencée ailleurs, continua là... Voyageant sur les genoux et même entre les bras de ces galopins, sept à huit nonnes infernales se multipliaient à qui mieux mieux et parfois se tordaient de rire en dénigrant du geste et de l'œil leur copensionnaire et son platonique amant qui, loin d'eux tous, en un coin, échangeaient des madrigaux étranges sous ce toit où chaque soir retentissait un feu roulant d'obscènes invectives, et, les prunelles noyées, se mouraient de langueur. Enivré, lui, moins par l'épaisse fumée des cigares de la Havane et la fermentation de ces vins de joie que par les effluves capiteux émanant de la gorge enflammée de cette splendide et vulgaire créature que l'amour sollicitait pour la première fois, il se laissa choir et bercer sans vergogne en ce giron déshonoré; puis, tous deux se levèrent et, furtifs comme des ombres, s'enfuirent entrelacés. A l'aube, ils n'avaient reparu ni l'un ni l'autre. Or, la bourrasque ayant cessé, le jour étant sur le point de luire, on sortit silencieux et presque repentant de ce bouge où l'on n'entre que bruyamment et presque toujours en goguette, la nuit...

— Très épatant, oui, bourdonnait, à peu près dégrisé, le rapin aux oreilles du lauréat; une hermine qui se vautre dans la fange, quel tableau! tôt ou tard, je le brosserai; vingt fois au moins, sans y réussir, on tâcha de le coller, ce lys, à des fleurs encore fraîches, et le voilà, maintenant, toqué de cette mauvaise plante; ho, là, là, quel malheur!

— Ah bah!

— Si, si; c'est, d'après moi, le premier chapitre d'un roman fertile en chausse-trappes avec de nombreuses suites au prochain numéro.

— Nous verrons; en tout cas, communique m'en les péripéties et le dénouement là-bas, aux Batignolles, où je perche avec tant d'autres oiseaux de son espèce et de la mienne, il m'intéresse fort ce petit Raphaël langoureux avec sa Fornarina de rencontre...

— On te narrera leurs faits et gestes en style homérique et rabelaisien; oui, va, comptes-y...

Quelque neuf à dix mois après son retour à Paris, le statuaire toulousain, qui, certes, avait totalement oublié les incartades auxquelles il s'était associé sur les bords du canal Riquet, en face de la colonne commémorative, un soir de mai, reçut en son atelier une épistole assez volumineuse de son jovial compatriote, qui, depuis lors, ne lui avait pas donné le moindre signe de vie, et telle quelle, identique à l'original, la voici :

Toulouse, ce 10 février 18...

« Mon vieux,

« Ici nous broyons du noir en masse, et je te prie de croire qu'il m'en coûte de venir troubler ta gaieté naturelle, cette précieuse gaieté qui distingue l'homme de la brute et l'artiste en particulier de l'homme en général ; mais je suis chargé par tous nos camarades de t'apprendre la méchante aventure arrivée au meilleur d'entre nous, l'aimable Camille Thierry. Tu te rappelles sans doute nos frasques, lors de ta dernière apparition en nos murs. Si nous ne nous en portons pas plus mal, nous autres, il n'en est pas de même de lui. Figure-toi que la sirène à poils rouges qui l'avait ensorcelé ce soir-là l'a perdu ; nous l'avons emballé l'autre vendredi, jour de Vénus, c'est le cas de le dire aujourd'hui. Ce pauvre garçon ! Nous sommes sûrs et certains qu'il aurait eu le droit, il y a trois ans à peine, de se coiffer d'une guirlande de fleurs d'oranger ; une rosière, quoi ! Même, à cette époque, lorsqu'il se maria, pour nous, son frac noir à queue de morue était aussi blanc que la robe nuptiale de sa vertueuse Éléonore, à laquelle il ne fit qu'une seule infidélité, celle dont tu fus témoin, comme nous. Il l'a payée, et cher. Ah ! nom d'un petit bonhomme, quelle punition ! En y réfléchissant, il y a de quoi sécher de chagrin et jurer sur les cendres de ses père et mère de vivre désormais non seulement à l'instar d'un croque-mort, mais encore et surtout à la guise d'un eunuque du sérail. Oh ! là, là, tiens, écoute, et, si tu t'en sens capable, rigole ensuite de ça.

Quatre à cinq semaines après ton départ d'ici, l'Immaculé, comme nous l'appelions entre nous pour le blaguer un peu, s'alita. Des tournements de tête, une faiblesse dans les jambes, en outre des démangeaisons partout, aucun appétit et de la tristesse en veux-tu en voilà! Mandé, le docteur Vauclu, Narcisse Vauclu, notre condisciple, qui jadis dessinait sur toutes les murailles du collège la double bosse du principal, examine son client, l'ausculte, le percute, et, déclarant que ça ne serait rien, il se borne à lui recommander du repos et s'éclipse, tranquille comme Baptiste. Environ une quinzaine s'écoule, et le malade, toujours au dodo, n'allait ni mieux ni pire. Un bouton lui vint au bout du nez, il l'écorcha. Son pif alors s'empourpre, pâlit, bleuit et verdit. Embêté, tu penses, il envoie chercher de nouveau son médecin, et celui-ci, dès qu'il l'eut regardé sous les narines, s'écrie : « O, malheureux! qu'as-tu là? » « Je me le demande. » « Ah!

te voilà bien arrangé! » Puis Esculape, ayant ordonné à tout le monde de vider le local, s'asseoit au bord du lit et reprend ainsi : « Toi, mille pipes, est-ce possible? En quel creux as-tu mis le bec et qu'as-tu reniflé là? » Notre camaro ne comprenant rien à cet argot, l'autre met les points sur les i. « Pourquoi me le cacher, à moi? d'ailleurs, à quoi bon nier, en voici la preuve! » « Une fois, une seule fois, parole d'honneur! » « Hé, mon bon, ça suffit bien ; ne plaisantons pas, sacrédienne! il n'est que temps de soigner ce bobo : je t'apporterai moi-même les remèdes prescrits en telle conjoncture par mon illustre maître Ricord : huit à dix pilules d'hydrargyre matin et soir, autant de cuillerées d'iodure de potassium, et dispense-toi, mordieu! de caresser ton héritière et celle qui la nourrit, ta vertueuse moitié. Bien inutile, est-ce pas? que celle-ci sache à quoi s'en tenir et que toutes les deux l'attrapent aussi ; c'est très contagieux! » Et pas content du tout, hochant la tête, l'allopathe décampa. Malgré toute sa science, il fut vite au bout de son rouleau. L'ulcère phagique, ou phadégénique, ou phagédénique, il y a de ces termes auxquels on ne s'habitue jamais, quand on n'est pas carabin soi-même, augmenta tant et tant qu'il eut bientôt dévoré les ailes et la racine du nez au martyr. Un mot de lui, certain soir, m'arriva. « Viens immédiatement, Arthur ! » Illico, je file ; en moins de cinq minutes, je suis chez lui. La famille m'accueille en pleurant et je pénètre en sa chambre. Oh ! lui, naguère si galbeux, si joli, si beau, c'était un monstre ! A travers les muscles de sa figure à demi rongée, on découvrait des veinules saignantes, les fibres rompues, un os à nu. « Je me suis vu tout à l'heure, gémit-il en désignant à son chevet les débris d'un miroir, on ne guérit pas de ce que j'ai ; vaut mieux partir pour je ne sais où que de rester ici tel que me voilà. » Vraiment il avait raison, et je ne le déconseillai point. « Tiens, reprit-il en me montrant un album plein d'aquarelles et d'aquatintes, adresses-en quelques-unes de ma part, toute ma *série de Chérubins et Papillons*, à notre Parisien dont je prise tant le talent, et garde pour toi les autres ; adieu ! » Je lui serrai la main ; il sanglota : « Dire à présent que je suis un objet d'horreur pour ma femme et ma fille que j'adore ! et que je m'en irai sans les embrasser une dernière fois !... » Ah ! c'en était trop pour mon infirme caboche et je me sauvai comme un fou. Ce chameau de Toute à Tous, si je l'avais tenue la ! Le lendemain, notre ancien professeur de musique Ubritt, toujours vert en dépit de ses cheveux de neige, que je heurtai dans la rue des Lois, se retourne, m'aborde et m'apostrophe ainsi : « Savais-tu cela, toi ? » « Quoi donc, signor Maëstro ? » « Thierry, le petit Thierry ! » « Ne m'en parlez pas, s'il pouvait s'endormir pour ne plus s'éveiller... » « Hé, c'est fait !... *Toulouse-Journal* et l'*Aigle* assurent qu'il avala hier soir un flacon de chloroforme ; à demain, au cimetière ! » « A demain ! » Nous l'avons tous accompagné là-bas où l'on repose éternellement. Et voilà toute l'histoire, mon pauvre vieux ; elle n'est pas très amusante et je me serais bien dispensé de te la raconter. Si je croyais au grand lama, mais comment croire qu'il y a quelqu'un là-haut, lorsque de telles atrocités se passent sur le plancher des vaches ? il y a des moments où, pour ne plus entendre parler de rien autour moi, je me ferais trappiste, tant j'ai horreur de tout, y compris mon assommant individu !

« Ton copain embêté,

MARTIAL-ARTHUR REPISTON. »

Ayant laissé choir le papier où cabriolait l'inégale et grosse cursive du rapin, Édouard Dayrio quitta sa vareuse maculée de terre, et, repoussant très loin de lui son ébauchoir ainsi que tous ses autres outils professionnels, considéra longtemps sa dernière maquette, la Saphô, qui n'était pas encore ce marbre débordant de vie et vibrant de lumière auquel il doit sa renommée, aujourd'hui presque universelle, et dit amèrement :

— Hélas ! à quoi bon rêver l'idéal ! un jour ou l'autre, je mourrai peut-être aussi dans la boue, moi, d'un baiser empoisonné...

Juin, 1882.

Versiculets

— 1883 —

Versiculets

A Madame Edmond Picard

Dieu me damne, il y a près d'un quart de siècle que je ne versifie plus, ô fort gentille dame, et je m'étais bien juré, mais hélas! sur ce monde sublunaire où nous poussons et d'où nous disparaissons sans savoir pourquoi, qui donc tient ses serments aujourd'hui? de ne jamais éveiller le poète mort si jeune qui dort en moi. Ce fou, ce toqué, cet hurluberlu ne s'est-il pas avisé de ressusciter? Oui, ce matin même, alors que nous revenions ensemble de votre château de la Famelette, où vous m'aviez, la veille, si gracieusement accueilli, mon inséparable a rouvert ses yeux à la lumière, et voici qu'après avoir savouré les mélancolies et les gaietés de l'aurore, il s'est souvenu de sa lyre ou plutôt de son rebec délaissé depuis plus de vingt-cinq ans, et, ma foi, nous en avons joué tous les deux en wagon, le long des rives délicieuses de la Meuse empourprées par les feux du Levant. Entre Huccorgne et Namur, il me contraignit, ce revenant-là, d'écrire sous sa dictée une série d'hexamètres, divisés en tercets, perpétrés, affirmait-il, sans le secours du moindre dictionnaire de rimes et magnifiant tous nos compagnons de misères et de joies, mes chiens d'hier et ceux d'aujourd'hui. Tout en griffonnant l'impromptu de cet insensé, je me rappelais les vôtres qui m'avaient reçu si chaudement, à mon arrivée chez vous : Sam, Miss, Tippo, Lili, Xicain, Rameau, Ramette, Punch, Silvio, Noire, Diane et Bébé, dont, après vous avoir lu celle des miens, je vous promis de raconter l'histoire. En attendant qu'il me soit permis de vous prouver que, contrairement à ce que prétendent les Normands de France et de Belgique, un Gascon n'a que sa parole, voici la relation très sommaire et, nul parbleu! n'en ignore moins que moi, rimée tant bien que mal, des faits et gestes des sincères amis à quatre pattes qui m'escortèrent dans la vie, à partir de mon berceau. Soyez indulgente à l'extravagant qui l'a commise. Il m'a prié de vous l'offrir, et s'est aussitôt endormi. J'espère bien qu'il ne se réveillera plus. Agréez, s'il vous plaît, les excuses de ce rustre sans pareil, artiste ingénue à la fois et raffinée, madame.

L. CL...

Bruxelles, le 1ᵉʳ juillet 1883.

En style dépourvu de ces mille artifices,
Dont usent à l'envi tous les diseurs de riens,
Simplement, bonnement, je veux chanter mes chiens.

Aucun d'eux ne vécut chargé de bénéfices,
A la guise des clercs inféodés aux rois,
Et le plus fortuné connut mes désarrois.

Or, pour les célébrer, ces pacifiques hôtes,
Pas n'est besoin ni de tambours ni de trompettes,
Il suffit amplement d'un fifre au grêle son.

N'est-ce pas, animaux pensants, que j'ai raison
De ne point emboucher le clairon de la guerre
Pour louer vos vertus qu'on ne cultive guère.

Le premier, tu jappas autour de mon berceau ;
Puis après, tu m'appris à pousser le cerceau,
Blanc *Carabi*, vieillard que j'aimais comme un père

Ton successeur, le noir *Quasca*, d'ailleurs prospère,
Qui n'avait fréquenté ni princes ni châteaux,
But toujours en mon verre et mangea mes gâteaux.

Sévèro vint ensuite et me sauva la vie,
Cette vaillante, un soir, qu'un serpent eut envie
De me piquer avec son dard impur la peau.

A *Guly*, fin barbet, gardant notre troupeau,
Sous un rocher sommé d'une rustique vierge,
M'est avis que je dois aussi, vraiment, un cierge !

En l'étang d'à côté, je me noyais, marmot ;
M'en ayant retiré roidi, ne soufflant mot,
Il me ranima vite en me léchant la joue.

Père et Mère, plus tard, me criaient: « Allons, joue!... »
Quand *Montagne* et *Torrent* me traînaient sur un char,
Moi, maigre enfant du peuple, ainsi qu'un gros richard.

Et dès que j'eus quitté, pour apprendre le Code,
Mon toit où je tramais quelque idylle ou quelque ode,
Le cynique *César* accompagna mes pas.

O monts pyrénéens! vous en souvient-il pas
De ce goinfre explorant et souillant la pelouse
Du cours Napoléon, en l'antique Toulouse,

Où j'étudiai mieux le gauche que le droit?
Et toi, ville géante et libre, en maint endroit,
Tu me vis, ô Paris! avec mon *Monsieur Touche*

Incendier des yeux, baiser à pleine bouche
La dernière grisette, ivre d'une chanson
Qu'un carabin, jadis, fit pour Mimi Pinson.

O mes chiens!... Aujourd'hui que je suis sobre et sage
Et qu'une barbe inculte encadre mon visage,
Vous ne pouvez, morbleu! vous figurer quel sang

Courait alors en mes veines d'adolescent!
Ah! si la giroflée et l'œillet, et la rose
D'antan où nul souci ne me rendait morose,

Ressuscités, parlaient de feu tant de printemps,
Vous sauriez ce qu'il fut, votre maître, à vingt ans!
Parfois, je songe encore à ces jours de folie...

Mais, ô *Famine*, ô *Paf*, qui faites chère lie,
Bien plus heureux, allez, que vos prédécesseurs :
Zabre, *Hâtûs*, *Finotte*, et leurs frères et sœurs,

Qui, jeûnant de deux jours l'un, à la belle étoile,
Dormaient auprès de moi, vêtu, l'hiver de toile,
Je vous chéris autant que vos pauvres aînés !...

En un livre, bientôt, vous serez couronnés,
Tous ; et, demain, mes fils apprendront là, qu'en somme,
Le pire d'entre vous me fut meilleur que l'homme !

P.-S. — Outre que deux stances de cette épître étaient sorties de ma mémoire, et que pour les reconstituer il m'a fallu suer sang et eau, car mon intime entièrement évanoui se gardait bien de me souffler, nos gazettes parisiennes, y compris celle qui la publia à son corps défendant, bien qu'hospitalière entre toutes aux élucubrations des bardes, si j'ose, à l'instar de feu M. Belmontet, m'exprimer ainsi, n'acceptent guère de vers, si transcendants qu'ils puissent être, aussi facilement que la plus plate des proses; et voilà pourquoi ceux-ci, qui n'ont, en somme, d'autre valeur à mes yeux que d'avoir jailli spontanément d'une source que je croyais à jamais tarie, iront à leur adresse trois ou quatre mois plus tard que je ne l'eusse voulu. Je le regrette d'autant plus, madame, qu'ils vous seront moins agréables à présent, en mars 1884, qu'ils ne vous l'eussent été naguère, en août 1883, attendu qu'en les recevant aujourd'hui vous chercherez en vain autour de vous ce superbe *Sylvio*, l'orgueil de votre meute et de sa race, qui triomphait hier à l'exposition d'Ostende, et cette gracieuse *Lily* dont la prunelle était autrement éloquente que la bouche de beaucoup de nos congénères, et ce subtil *Rameau* qui reconnut en moi, dès l'abord, un ami né de tous ceux de son espèce, et surtout votre favori, ce gentil terrier anglais à peine aussi gros qu'un rat et qui ressemblait, avec sa langue vipérine, toujours passée entre ses dents minuscules, à l'une de ces Chimères naines décorant les faïences du Japon, ce mignon *Bébé* qu'en souvenir du nabot qui figure dans mon *Ompdrailles le Tombeau des Lutteurs*, vous avez débaptisé pour l'appeler désormais *Dom Kiki*. Pauvres bêtes !... Elle ne les épargne pas plus que les hommes, l'impitoyable faucheuse dont tout ce qui respire est tributaire. Oh ! mais, laissons cela, pardon ! Et puisqu'il faut toujours se résigner à sourire après avoir pleuré, profitez de l'occasion que vous en offrent ici ces rimettes où je me raille de mes tablatures du temps jadis, tant il est vrai que s'il y a, comme l'affirme je ne sais plus quel philosophe, un... goret qui sommeille dans le cœur de chaque hermine, on rencontre aussi tout au fond de la plupart d'entre nous deux compagnons indivisibles : un martyr qui se tord et saigne en présence d'un loustic qui lui fait la nique. Une fois encore, souffrez, chère madame, que je dépose à vos pieds ces humbles versiculets, et plaise aux dieux qu'ils ne vous induisent point en quelque souci, de quoi je serais si confus et navré que le cœur m'en cherrait, ainsi qu'on disait autrefois en votre pays brabançon, où « toute honnête femme a, d'après je ne sais plus quel prince de Ligne, des ailes d'ange et le gosier d'un rossignol ».

Décembre 1881.

Zéro en Chiffre

— 1848 —

ZÉRO EN CHIFFRE

A Alexandre Séver et Marie Séver des Moulins.

Non moins patriotes que lettrés, vous agréerez l'un et l'autre, je l'espère, mes chers amis, ce récit où j'esquisse la figure du vieux soldat de la Révolution qui m'apprit en me berçant sur ses genoux l'histoire de la République et de l'Empire, qu'il avait non seulement vécue, mais encore écrite sur le marbre et l'airain à la pointe de sa baïonnette.

L. CL...

Il m'en souvient comme d'hier, et pourtant il y a près de quarante ans de cela ! Le soleil du printemps riait sur tous les toits du faubourg de Ville-Nouvelle et j'étais triste comme un bonnet de nuit, par ce matin d'avril où tout était lumière et gaieté ! Car ce jour-là, malgré la volonté de mon aïeul, encore moins flexible que son unique fils qui m'avait engendré quelque neuf ou dix ans auparavant, on me conduisit, tant il est vrai que ce que femme veut elle le peut, au petit séminaire de Montauriol ; là, mère-grand et maman, par qui j'étais accompagné comme un larron par deux gendarmes, m'ayant embrassé tour à tour en gémissant, on ne sait trop pourquoi, car elles avaient triomphé l'une et l'autre de la ténacité de leurs époux, les deux plus grands têtus que la terre ait produits et dont j'ai peut-être hérité, me bénirent à qui mieux mieux et me laissèrent entre les mains d'un abbé Dutemps, ecclésiastique assez doux et gallican fort résolu, qui dirigeait cet établissement à merveille, en dépit des allégations des révérends pères de la compagnie, de Jésus qui finirent par l'en évincer et y colloquer un de leurs adhérents, M. Mabille, alors chanoine du chapitre de la cathédrale de la cité, lequel prêtre ne devait pas tarder à être nommé évêque de Versailles, où naguère il décéda quasi nonagénaire, en j'ignore quelle odeur de sainteté.

— J'irai te voir en ce sacré trou, m'avait dit grand-papa, lorsque je le quittai; seulement tâche de t'y bien porter, mon mignon, et de ne pas trop t'y manger le sang !

Il n'avait qu'une parole, ce rude et bon vieux, aussi ne fus-je pas trop étonné de m'entendre héler l'un des dimanches suivants pendant la récréation de l'après-midi par le portier de la maison, et je me hâtai de courir au parloir, où je m'attendais à trouver toute ma famille, y compris son chef, qui m'avait déjà gâté tant. Où donc étaient-ils les miens ? En cette vaste et froide pièce uniquement meublée de bancs et de crucifix, où la parenté de plus de cent de mes condisciples était en train de les combler de caresses et de gâteaux, je ne distinguai d'abord aucun d'entre eux, et fort désappointé, je me disposais à retourner à ma toupie ainsi qu'à mes boules, quand un bâton épineux me barra la route. Ayant levé la tête et dirigé mon œil des mains veineuses qui serraient ce rotin au front de la personne à laquelle elles appartenaient, je ne pus réprimer un cri de surprise. Il pleurait là, devant moi, comme une pauvre vieille, l'indomptable patriote qui, jadis, volontaire de la République, avait chargé les bandes de Brunswick, et plus tard, après avoir haï Bonaparte jusqu'à conspirer contre lui, l'avait adoré comme le porte-glaive de la Révolution et suivi dans toute l'Europe, même après le retour de l'île d'Elbe, à Mont-Saint-Jean, où certes, il ne larmoyait pas sous son bonnet à poil de grenadier de la garde. En considérant ce grognard éploré qui parfois s'était revêtu, pour m'égayer, moi, marmot, de son antique uniforme militaire, je me pris soudain à rire aux éclats. Ah! c'est qu'il était singulièrement accoutré! Lui qui, d'ordinaire, portait la carmagnole des sans-culottes et des sabots pareils à ceux des conscrits des demi-brigades de 92, se dandinait aujourd'hui très gauchement en une sorte de redingote à collet très haut et qu'on eût dit empesé; puis, au lieu de la primitive coiffe de laine blanche à houppe mi-partie de rouge et de bleu qui lui couvrait le chef en toutes saisons, il avait arboré sur son crâne balafré le plus gigantesque et le plus poilu des chapeaux tromblons figurant à peu près l'invraisemblable shako des voltigeurs de ce « citoyen intronisé » qui, prétendait mon ascendant à bouche que veux-tu, pour avoir pris le titre de sire, n'en est pas moins resté le premier soldat du peuple souverain, et la preuve : c'est que sur les pièces de cent sous frappées sous son règne, il y a d'un côté, autour de son effigie, cette inscription en l'exergue :

Napoléon Empereur, et de l'autre, entourée d'une couronne de feuilles de laurier, cette date : An XII ou XIII ou XIV de la République française Une et Indivisible.

— Hé bè, sois franc, cria soudain mon farouche visiteur, roulant encore tout ému des yeux à la fois timides et courroucés vers les dames surchargées de bijoux et de diamants qui causaient autour de nous avec leur progéniture, avoue sans barguigner que tu t'ennuies ici depuis bientôt six semaines, autant que moi qui n'y suis que depuis trois ou quatre minutes?

— Oui, c'est vrai, beaucoup, *pépé*, beaucoup trop !...

— Pardi, je m'en doutais ! oh ! ça ne continuera pas ainsi bien longtemps... A quelle heure, le soir, vous permet-on de jouer en plein air ?

— Entre quatre et cinq, et, le jeudi, jusqu'à six ?

— Sufficit.

— Hein ?

— Il y a, je m'en suis assuré, derrière le mur couronné de tessons de bouteille qui sépare la cour, où tu rôdes avec tes camarades, de cette rue de Ladre où chacun a le droit de passer, un monceau de moellons sur lesquels tu monteras à la brune, chaque jeudi.

— Pourquoi donc?

— Afin que je te voie à mon gré ; car ici je suis trop gêné pour ça, répliqua-t-il en lorgnant de travers les riches bourgeoises qui nous environnaient ; on n'a jamais aimé, mon garçon, à coudoyer les aristos, surtout leurs femelles.

Et faisant tourner son gourdin entre ses doigts noueux qui jusque-là n'avaient manié que des engins de guerre et des outils d'ouvrier ou de paysan, il sortit en grommelant de la salle, effrayé plus encore qu'effrayant, ce brave qui n'avait jamais de sa vie tremblé sous la mitraille étrangère et qui craignait que la moindre citadine un peu cossue, et si jeune fût-elle, ne le fusillât du regard.

— A bientôt, toi, chéri ! grogna-t-il sur le seuil entr'ouvert du portail de ma prison scolaire, à bientôt, toi ; compte-s-y, mon *filleu*...

Juché sur le branlant observatoire qu'il m'avait indiqué, je le vis, la semaine d'après, poindre à cheval, entre chien et loup, au tournant de l'hospice et s'approcher au petit galop de la muraille au-dessus de laquelle surgissait ma chevelure blonde. Aussitôt qu'il m'eut aperçu, moi, « son espiègle, » il modéra l'allure de sa fine cavale couleur fleur de pêcher ainsi que le bidet de ce cadet de Gascogne devenu si célèbre depuis sous le nom de d'Artagnan, et rasant la maçonnerie, il contraignit sa monture, insuffisamment protégée par une large moustiquaire qui l'enveloppait de la croupe au chanfrein, à piétiner sur place ; ensuite nous nous accolâmes. Il se contenta de m'embrasser en silence cette fois-là ; mais l'autre jeudi, dès qu'il m'eut abordé ferme sur ses arçons et debout sur ses étriers, il parla. J'étais un peu pâlot. Il me demanda si la soupe de la pension abondait en graisse et si ma ration de vin était assez copieuse. Et sur mes assurances réitérées que je jouissais d'un bon appétit et que la cuisine de la maison ne me déplaisait pas trop, il piqua des deux en essuyant son nez, qu'avaient sillonné deux grosses larmes, et disparut bientôt en un tourbillon de poussière sous les branches des mûriers bordant la route de Bordeaux, que nous avions souvent parcourue ensemble jusqu'à Rocomade, hameau de trente à quarante feux auprès duquel était située la métairie, où, généralement, pendant l'hiver il séjournait vingt-quatre heures par quinzaine, quarante-huit au printemps, tout l'été et la moitié de l'automne. Huit à dix jours après cette entrevue, en juin, un soir que nous avions jasé plus que de raison et toujours séparés par le mur d'enceinte, il s'écria tout à coup que je n'avais pas une fière mine et qu'il était évident pour lui que je manquais d'air en cette fosse diabolique où l'on m'avait enterré vif.

— Ah! murmurai-je en soupirant, je voudrais bien pouvoir vous accompagner à la campagne.

— Hé! rien de plus aisé que ça, me riposta-t-il tout radieux ; enjambe les balustres et suis-moi rondement en te moquant du tiers comme du quart !

Il me tendit la main, et quand j'eus franchi la barrière, il me reçut avec mille précautions entre ses bras, me posa sur la selle, devant lui, rendit les rênes à sa jument, qui piaffait d'impatience, et m'emporta comme un voleur en riant comme un bossu.

— Piailleront-ils, les corbeaux qui te gardaient, dès qu'ils auront remarqué que tu as pris ta volée, toi, mon pigeonneau, mon ramier ; ah ! tant pis pour eux, on les a quelque part, et s'ils ne nous fichent pas la paix, gare !

A mi-chemin, il laissa souffler Rougeotte, qui, renâclant, tout écumante, nous avait transportés jusque-là ventre à terre, et me montra l'immense plaine du Tarn avec ses nombreuses rivières et le cirque de coteaux qui la ferment :

— Ici, tiens, c'est la tour de Capoue, où ce fainéant de Louis XIII, qui s'était permis de venir nous assiéger, nous autres huguenots, avec tous les princes et les ducs de la catholicité, dansa bon gré malgré tout son soûl; là, c'est, avec tout son attirail de fossés, de herses et de tourelles, le manoir de la Jungarde, où certain contadin, un bon bougre qui respire encore aujourd'hui, raccourcit très proprement en 93 un ci-devant qui, Dieu me damne ! ne valait pas les quatre fers d'un chien ; et voici, à ta gauche, au-dessus de cette mare, le tertre où l'incomparable tanneur de rois s'extasiait à la fin de 1809, en présence des champs d'alentour, avec ses maréchaux, auxquels il roucoula fort clairement ceci : « Qu'il ferait bon là pour une bataille rangée, et comme on y frotterait avec satisfaction l'ennemi royal, impérial ou papal! Là-haut, sur un de ces pics, je logerais mes canons; sous ces bois, mes fantassins, et là-bas, en ces prés, toute ma cavalerie. Entends-tu, Murat? Il serait foudroyé, sabré, foutu, le coco, Koënig, Czar ou Sultan. Eh! quelles charges et quelles décharges! amis; un vrais abbat! On exterminerait tout, tout, et vive notre France et ses Trois-Couleurs! » Il avait raison, oui, ce diable à quatre, et je suis de son avis, moi qui jadis assistai sans broncher à la gavotte de Wagram ainsi qu'à la bourrée d'Eylau.

Le bonhomme s'interrompit, essoufflé; puis m'indiquant deux pigeonniers blanchis à la chaux qui pointaient à l'horizon, entre des peupliers droits comme des *i* dans le bleu :

— Reconnais-tu ça, fils?

— Oui, pardi ! ce sont les bâtisses de votre borde.

— Elle t'appartiendra tôt ou tard après ta tante et ton père, mes héritiers, et tu t'y reposeras avec quelque plaisir lorsque tu seras fatigué de rouler ta bosse un peu partout.

Un coup d'éperon écorcha les flancs de la cavale, qui se cabra, hennit et fila comme une flèche. En moins d'un quart d'heure, nous fûmes rendus au bord du ruisseau, l'Yr, qui cernait notre propriété, non pas la moins agréable des environs, et nous entrâmes, comme le ciel s'éteignait, sous le toit où se sont écoulés les plus doux moments de mon enfance.

— On joue bien des poumons, ici, n'est-ce pas, gamin ? Ah, comme il vous lutine, ce zéphyr !

Et le vieux légionnaire s'ébaudissait en flattant deux chiens de berger aussi velus que des ours, et qui joyeusement aboyaient autour de nous.

— Oui, tout à fait bien, et je souhaiterais d'y rester toujours.

— S'il en est ainsi, nous verrons !.. En attendant d'être contenté selon ton goût, respire à ton aise et sans souci, blanc-bec de mon cœur !..

On récoltait en ce temps le blé, l'orge et le seigle à Rocomade ès l'eau. Pendant la décade que j'y demeurai, mon aïeul et moi, de l'aube à la brune, nous y vécûmes côte à côte au milieu des guérets semés de bleuets et de coquelicots, mangeant et buvant avec les moissonneurs, et je me remémore notre rentrée triomphale au logis, chaque soir, au coucher du soleil. Étions-nous assez heureux, assis sur les gerbes rousses, au sommet du char à bœufs cahotant dans les ornières des traverses, indolemment traîné par deux solides *braus* gris noir de la Lomagne qui ruminaient en tourmentant leur joug, à l'abri des piqûres des taons sous les pampres déjà verts dont on avait fait à chacun d'eux un manteau de feuillage; et quelles liesses après avoir dîné tous en commun, maîtres et valets! Souvent les farandoles et les romances s'arrêtaient brusquement, et le sol de l'aire s'empourprait parfois autour de moi; car Antonio et Pasquale, deux jeunes lanciers espagnols, bannis de leur pays avec leur escadron, qui s'était prononcé contre Narvaez, et que mes parents avaient loués comme journaliers après les avoir choisis parmi tous leurs campagnons descendus avec eux des Pyrénées et réfugiés à Montauriol quand la fortune eut trahi leur courage et déserté leur drapeau, se disputaient à tout bout de champ à propos de Christine ou de don Carlos et jouaient alors de la *navaja*. Cent fois brouillés et cent fois réconciliés en une seule journée, ils se serraient la main, n'en pouvant plus, ces deux rivaux, et s'allongeaient, tout saignants et tout pantelants auprès du glorieux vétéran des armées de la République et de l'Empire qui nous racontait ses campagnes, ses batailles ou plutôt ses victoires, car il n'avouait jamais que la France et son capitaine eussent été battus. A Moscou, c'était le froid seul qui avait eu raison des conquérants ; à Leipsick, on aurait avalé tous les Allemands d'Autriche et de Prusse sans la félonie des Saxons ; et plus tard, si Joseph et Marmont avaient accompli leur devoir, aucun des alliés battus à Champaubert, à Montmirail, à Vauchamp, à Guignes, à Nangis, à Montereau, n'eût repassé le Rhin ; enfin, 1815, on avait été vendu, trahi par Bourmont, et Grouchy, sourd comme un pot, n'avait pas entendu le canon de Waterloo, sans quoi Blücher et Wellington n'eussent pas été à noces et même auraient gobé tout fumant le plus amer des bouillons avec leur clique de Welches et d'Englichs, sacré tonnerre de Dieu !... Le vieux patriote n'en voulait point démordre : « Un contre dix au moins, on l'avait toujours emporté sur toute la séquelle des Kaiserlichs, des Goddam et des Pandours et cætera; bref, ç'avait été comme ça, pas autrement, et ma foi, s'il prenait la fantaisie à quelques hussards de la mort ou à quelques mousquetaires de Pitt et de Cobourg, de lui chatouiller les narines, il se sentait encore capable de les mettre au pas à l'aide de sa baïonnette et de son briquet d'antan. » On n'avait garde de le contredire et nous trinquions en chœur avec lui; puis on allait dormir jusqu'à l'aurore, et chaque jour, ainsi, tant que dura la pastorale. Hélas! Elle ne cessa que trop vite. Un soir, ma grand-mère et ma mère, qui avaient enfin appris qu'un cavalier en cheveux blancs m'avait enlevé du petit séminaire sans tambour ni trompette, étaient accourues ensemble à la ferme, afin de m'arracher à mon vénérable ravisseur.

— Eh quoi, rugit-il en essayant de les mordre avec ses chicots et de les griffer avec ce qu'il lui restait d'ongles, vous me le reprendriez, et le ramèneriez chez les calotins ! Ah ça, quelles sont vos intentions à son égard ? Désireriez-vous qu'on le froquât et qu'on le tondît ? Est-ce qu'il a besoin de digérer du grec et du latin en récitant des litanies ? Sapredienne ! Enseignons-lui d'abord les Droits de l'Homme et du citoyen, ensuite le maniement du fusil et du bancal pour les défendre. Oh ! laissez-le moi, je vous le rendrai sous peu. Vrai, je sens qu'il me faudra bientôt partir pour un pays infernal ou céleste d'où certainement je ne reviendrai pas, moi qui, jusqu'ici, pourtant, suis revenu de tous ceux ou j'ai bivouaqué...

Rien ne put fléchir les naïves et fanatiques dévotes auxquelles il s'adressait ; obéissant, disaient-elles, aux ordres de la sainte Église, elles exigèrent que leur volonté fut faite, et lui céda, de guerre lasse, en déclarant qu'il n'y avait pas moyen de lutter plus longtemps avec deux sottes aussi cruelles que sa femme et sa bru ; d'ailleurs, « à son âge, il n'était plus que l'ombre d'un mâle, un aigle sans ailes ni serres, un lion sans griffes ni crinière, un sire sans crête, un coq sans ergots, un rien qui vaille, un *zéro en chiffre*, un simple *zé-ro-en-chif-fre !* » Or, en dépit de ses doléances, de ses prières et de ses pleurs, on me réintégra le lendemain dans la géhenne d'où je m'étais évadé si volontiers, et j'y languis près d'une année encore, jusqu'au 24 février, jour où les cocardes de la fédération que nos concitoyens en armes portaient à leurs feutres, à leurs casquettes, à leurs bérets, à leurs tuyaux de poêle, en marchant au pas accéléré vers le cours du Roy, situé près de l'espèce de bagne où se morfondaient tant de forçats de ma trempe, m'induisirent à sonner le tocsin d'alarme, c'est-à-dire la cloche du cloître, en donnant ainsi le signal de la révolte contre les Jésuites, nos professeurs et nos tyrans. On crut me punir en me chassant de là pour indiscipline et comme insurgé. Quelle erreur ! Et combien je me serais applaudi d'avoir recouvré mon indépendance et ma liberté, si, quelques semaines avant cette journée historique de 48, grand-papa ne s'était éteint en prédisant pour la millième fois de sa vie au moins que « la République reverdirait, et avec elle son invincible généralissime dont on se figurait à tort avoir rapporté les cendres de Sainte-Hélène à Paris, puisque, et tous ceux encore vivants de ses frères d'armes d'Italie, d'Égypte, d'Allemagne, d'Espagne et de Russie en savaient quelque chose, il n'était pas parti pour là-haut ; et même les temps approchaient où, monté sur son cheval blanc des campagnes de France et de Belgique, il reparaîtrait en Europe, ayant traversé les mers sur un navire à vapeur et quitté, pour châtier l'infâme Angleterre, une forêt au fond de laquelle il s'était sauvé naguère, après avoir tué en duel Hudson Lowe, son geôlier et son bourreau !... ». Puis, comme pour corroborer sa suprême prophétie, le grognard expirant fredonna, très allègre, cette strophe si chauvine de Jean-Pierre de Béranger, à qui l'Empire de Décembre fut redevable de tant de cierges et la Nation de tant d'éteignoirs :

Un matelot qui connaît l'Inde esclave,
Pour nous servir veut qu'il y soit passé;
Il mène au feu le Mahratte si brave,
Et des Anglais l'empire est menacé;
Volant, courant, foudroyant des murailles,
Oui, de l'Asie, il revient par le Nord;
Hélas! sans nous qu'il gagne de batailles!...
N'est-il pas vrai, mon Dieu, qu'il n'est pas mort

Telles furent, à son dernier soupir, ses paroles, « son chant du cygne, » qui vibrent encore en mes oreilles et vaguent en mon cerveau.

Août 1881.

Fantoches

— 1884 —

Fantoches

Jamais, non, jamais et nulle part type plus v'lan que lui ni même aussi pschutt !... En veston de velours et pantalon à pieds, il se promenait de long en large dans son cabinet de travail, et de temps à autre jetait un regard de paon vers les pages qu'il avait écrites en cette matinée, et dont, sur la dernière, l'encre n'était pas encore séchée... On ne peut plus content de soi, voici qu'arrêté devant une glace qui réfléchit de pied en cap son impertinente et fluette personne, il se caresse la barbe et se sourit, admirant sa chevelure à la Capoul, ses yeux obliques ainsi que ceux des Japonais, ses dents, des perles dont plusieurs, hélas ! sont fausses, et l'ovale de son visage non moins efféminé que celui d'un Maugiron ou d'un Quélus, et sa physionomie artistement mélancolique comme il sied d'en avoir une à quiconque se croit égal à Byron, supérieur à Musset et nullement inférieur à Lamartine, à Victor Hugo, ni même au vieux Will.

— Oui, murmure-t-il, le fat, en se touchant le front, il y a quelque chose là ! puis il ajoute en pirouettant sur ses talons rouges à l'instar d'un roué de la Régence : assez bien né, très beau, certes ; et, avec tout cela, du talent !...

— Tiens, mon chéri, gazouille à son oreille une sorte de cocodette aussi prétentieuse et non moins superbe que lui-même, espèce de gommeux, écoute cet écho de Paris, et s'il t'en reste après ça, tu continueras à te passer la main dans les cheveux.

— Ah, c'est toi, belle ! En entrant, tu n'as pas fait plus de bruit qu'un oiseau ; soutiens encore, mon ange, que tu n'as pas des ailes.

— Si, j'en ai, mon bichon, et d'aussi grandes que tes espérances, seulement j'ai peur que les unes et les autres ne s'envolent et ne nous plantent là, regarde donc !

Et, moqueuse, elle lui glisse sous le nez le dernier numéro du *High-Life* qui vient de paraître. Il fiche son monocle sous l'arcade sourcilière, et parcourt très négligemment les premières colonnes de la feuille à la mode...

— Oh ! par exemple, s'écrie-t-il tout à coup, on ne s'attendait pas à celle-là ; diable !

Et s'étant frotté les yeux, il scande comme des alexandrins les lignes d'un entrefilet ainsi conçues :

« Avant-hier, après une altercation des

« plus vives, au Cercle de la *République*
« *des Arts*, M. Rodrigue Xez chargea deux
« de ses amis, MM. Adrien Nuysse de la
« Quiquengrogne et Jacques Grèda de de-
« mander raison en son nom à M. Gon-
« zalve Fallor-Zac.

« Celui-ci désigna sur-le-champ MM. Ur-
« bain Doner et Maurice Bêphe, et les
« quatre mandataires ayant jugé que l'hon-
« neur de chacun de leurs mandants né-
« cessitait une rencontre, elle a eu lieu
« ce matin, à neuf heures et demie, entre
« Châville et Viroflay.

« L'arme choisie était le fleuret de salle,
et sans gants.

« A la deuxième passe, M. Xez, déjà
« désarmé à la première, reçut à l'abdo-
« men un coup de pointe qui mit fin au
« combat.

« Pour M. R. Xez : Pour M. G. Fallor :
MM. A. Nuysse,   MM. U. Doner,
  J. Grèda.   M. Bèphe. »

— Hé bien, mon chat, mon chien, qu'en dis-tu?

— Rien, mais je pense que me voilà fort empêché!

— N'est-ce pas?

— Oui; mes deux parrains à la Société des gens de lettres et mes plus sérieux patrons auprès des éditeurs et des impresarios!... Tu désires que je sois illustre et je le souhaite aussi, surtout, chère belle, pour t'être agréable; or, il convient que j'adresse à l'un et l'autre des adversaires un mot bien senti; ce n'est pas facile, je t'assure.

— Allons donc!

— Eh bien! dicte-moi.

— Jamais de la vie! Il me faudrait la plume d'un cygne, et la mienne est celle d'une oie.

— Ho! toi dont le style éclipse celui de Mme de Sévigné, railler ainsi?

— Griffonne, griffonne.

— Attends un peu, que j'étudie le procès-verbal de cette malencontreuse affaire...

Elle se sauva dans son boudoir couleur d'eau, comme une nymphe, en riant à gorge déployée, et lui, moins gai qu'elle, s'étant serré les tempes à deux mains, élabora péniblement ce billet-ci :

« Cher ami, tous mes regrets ! ils ne sont pas banals... ou banaux, je ne sais plus au juste, tant je suis troublé, si l'un et l'autre s'emploient, ni lequel des deux exclusivement; aussitôt que je verrai notre impeccable grammairienne Roméette Flambert, je la prierai de m'édifier à ce sujet.

« Tout vôtre. »

Ensuite celui-là :

« Tous mes compliments cordiaux... ou cordials, cher ami, mon émotion est telle que j'en oublie mon français; si j'avais un Littré sous les doigts ou simplement une Roméette Flambert, je ne serais guère embarrassé.

« Tout vôtre. »

« Aristide du Moulineau. »

Ces deux lettres plurent sans doute également aux destinataires, car huit à dix jours après le duel leur correspondant et sa dame furent invités par chacun d'eux à la soirée qu'ils donnaient à leurs familiers, pour fêter, l'un sa victoire, et l'autre son rétablissement ; oui, mais ils avaient eu l'idée, tous les deux, de choisir le même jour, la même heure, et leur protégé, leur filleul, plus perplexe que jamais, s'en référa vite à sa femme, que rien ne déconcertait ; elle eût bientôt tranché la difficulté :

— Fais ce que tu voudras ; marche, je t'accompagnerai.

— Bon ! Mais chez qui ?

— Cela te regarde !

Il n'y eut pas moyen de la tirer de là,

si bien que, le soir venu, pendant qu'on la parait, elle ignorait encore la détermination de son mari. Celui-ci, ma foi, déjà revêtu de son habit de cérémonie, un gardénia à la boutonnière, hésitait derechef. Enfin il ôta de son gilet évasé, sous lequel bombait un plastron sans tache, un écu de cent sous et le lança timidement en l'air. Était-ce pile ou face?... Il n'osait s'en assurer, aussi fut-il très heureux que la pièce fût tombée sur sa tranche et que, maintenue ainsi par un pouf, elle n'eût rien décidé du tout! il tenta cependant une autre épreuve qui ne fut pas non plus concluante, enfin la troisième et dernière; mais, sur ces entrefaites, Madame étant entrée, il eut honte devant elle de tant d'enfantillage et, lui offrant le bras, sortit avec elle, sans en connaître le résultat.

— Où, demanda le cocher quand ils furent montés en voiture, où ça, s'il vous plaît, bourgeois ?

— Si je le savais!... soupira languissamment l'indécis, rue de Berlin ou plutôt... de Rome.

— Ou de Constantinople, intervint la maligne; allez toujours, c'est du même côté.

Le quidam au chapeau verni fouetta ses chevaux, qui partirent au grand trot, et ne les retint que dans l'axe du pont de l'Europe.

— A quel numéro?
— Cinq!

Quelques instants après, la calèche s'arrêta dans la première rue indiquée, oui, seulement ce n'était pas là. L'un des deux hommes de lettres, le romancier, y restait bien, mais non pas au numéro désigné, lequel était celui de l'hôtel occupé par son adversaire, un dramaturge, à l'un des bouts de la deuxième où l'automédon, embrouillé, se rendit. « Tant pis! Ainsi l'avait voulu le sort! » Et l'obscur poétereau mit pied à terre, sonna à la porte de son illustre confrère, qui reçut le couple à bras ouverts. Un peu de calme revint alors à l'agité qui, vers dix heures et demie, eut une idée vraiment lumineuse et la soumit telle quelle à son Égérie, qui gémit aussitôt :

— A ton gré, soit !

Trois minutes plus tard, ils apparurent tous les deux dans le salon de l'autre écrivain, non moins célèbre et encore plus influent que celui de chez lequel ils sortaient. Accueillis à merveille, là aussi, ils y demeurèrent jusqu'à minuit et regagnèrent leur domicile, également enchantés, elle, parce qu'elle avait été fort galamment courtisée, et lui, parce qu'il se figurait avoir contenté tout le monde et soi-même, un problème extrêmement difficile à résoudre et que d'aucuns même à tort ou à raison déclarent insoluble. Hélas ! quiconque a trop chanté déchante, et le plus souvent à bref délai. Tel fut le cas de ce gentilhomme féru de littérature quoique descendant des Croisés, qui ne la cultivaient guère, absolument incapable, d'ailleurs, de cuire un œuf, ainsi que tous les freluquets du Boulevard de Gand, et parfois aussi gêné que l'âne de Buridan entre deux picotins d'avoine.

— Imagine-toi, dit-il un soir à sa compagne, qu'on m'a desservi auprès de Xez et qu'entre lui et moi tout est peut-être rompu.

— Bah !

— Dame ! ce me semble, et je présume qu'il m'en veut. Tout à l'heure nous nous sommes rencontrés sur le boulevard, en face de la Madeleine ; il m'a serré la main assez froidement et nous avions à peine échangé quelques paroles qu'il s'est tout à coup écrié : « Je suis fâché d'avoir à vous apprendre une mauvaise nouvelle. Il m'avait tout promis, ce failli libraire, et je crains qu'il ne tienne rien. N'y comptez plus. Il vaut mieux être franc et mettre les points sur les i, n'est-ce pas? Hé bien, il refuse net vos Églogues ; elles manquent de verve et même d'originalité, selon lui. » J'en convins à demi, car c'est aussi mon opinion, cela, mais je me rattrapai sur la facture de vos vers et lui citai cette exquise tirade : *Entre les deux mon cœur balance !*... Il n'en voulut point démordre et voilà. Désolé, mon cher, ah! navré! » Là-dessus, Rodrigue s'esquiva! C'est clair, hein? il me lâche!

— Évidemment.

— On l'avait cru sérieux; après tout, que m'importe? Un volume se case toujours, et d'ailleurs, si j'y suis contraint, et bien que cela me répugne, je l'éditerai moi-même. Une trentaine de louis et j'en verrai la farce ! Une pièce en cinq actes, c'est tout différent. Il faut être millionnaire pour la monter à ses frais. Ah! nous avons eu le nez fin de conserver nos relations avec Gonzalve; il ne me trahira pas, lui.

— Peut-être.

— Oh! de celui-là, j'en réponds sur ta tête et la mienne!...

— Hum! en mettriez-vous la main au feu?

— Comme Caïus-Murius Scævola, ma reine!

Et, rempli de foi, le bellâtre étendit sa droite sur un brasier imaginaire; oui, mais le lendemain même il dut avouer à sa sceptique conjointe qu'il s'était trompé sur le compte de Fallor, qui ne l'avait pas recommandé suffisamment au directeur du Gymnase, et qui, en lui rapportant son manuscrit non accepté, l'avait affligé profondément par des consolations peu flatteuses. « Au fond, mon ami, je suis de l'avis de ce sacré Gurial; il y règne une certaine inquiétude dans votre comédie, et l'action en est un peu languissante; on exige aujourd'hui beaucoup de vivacité, quelque allégresse, et du brio; quant à votre titre, il est excellent; gardez-vous d'y toucher, vous ne découvririez rien de mieux; songez donc, comme c'est ça ! bref, une trouvaille, votre : *Entre le zist et le zest !* »

— *Habent sua fata libri*, se dit-il *in petto*, mais la semaine suivante, il ajouta moins philosophiquement ; *idem homines !...* et me voilà balancé, moi, le plus délicieux de tous !

En effet, il y avait, pour lui, lieu de s'exprimer ainsi ; ce lui fut tôt prouvé par une missive de Madame qui, depuis quelques jours, sous un prétexte frivole, avait déguerpi. Quelles cruelles pattes de mouches ! En voici quelques-unes des plus piquantes :

« Ingrat, toute votre perfidie m'est enfin connue, et, j'en suis certaine aujourd'hui, vous ne m'avez jamais aimée. Avec qui viviez-vous alors que vous sollicitiez ma main, et même, depuis un an que nous sommes mariés, un siècle déjà ? Ne l'avez-vous pas affichée partout, cette fille qui charma vos loisirs de garçon ! Et c'est vous qui feigniez une jalousie de More lorsque Hector d'Yvruy me rendait ses hommages si justifiés par notre proche parenté. Quoi ! pendant que je me morfondais en notre alcôve, où la lune de miel, hélas ! n'a jamais lui, vous soupiez, vous, entouré d'un tas de parasites qui vous auront bientôt grugé, ce que je souhaite *ex imo*, chez Mlle Marguerite des Bois, une simili-baronne, je vous en préviens. Et quand vous me reveniez, ô fourbe ! ô Tartuffe ! ô Basile inouï ! vous aviez le front de m'assourdir de vos serments et de me flétrir de vos caresses. Innocente, j'ai dû subir cet avilissant partage... Ah ! fi ! Pendant mon court séjour à Biarritz, où je me désolais de ne pas vous avoir auprès de moi, vous n'avez pas craint de la recevoir sous notre toit, l'indécente créature, et vous avez même, avec elle, un tel sacrilège m'a confondue, outragé, profané le lit conjugal. Les preuves de votre conduite sans nom, une correspondance très curieuse, en vérité, signée et paraphée de vous, sont en ma possession, et MM. les robins en apprécieraient le style, si vous vous permettiez de me fatiguer de vos poursuites. Adieu ! vous ne me reverrez plus, et voici le dernier conseil que je daigne vous donner : il faut en ce monde opter entre la brune et la blonde, sans quoi fatalement, on s'aliène les bonnes grâces de l'une et de l'autre, ainsi que cela vous est advenu. Votre maîtresse, apprenez-le, monsieur, si vous l'ignorez, votre concubine, ô le vilain mot ! roule vers Saint-Pétersbourg en la société du duc de Kornoff. Et moi, tranquillement établie en Toscane, où m'accompagnent quelques amis, entre autres mon cousin que vous abhorriez, et pourquoi ? j'attends que le divorce soit rétabli chez nous, enfin. Ne vous ennuyez pas trop tout seul, en France, et jurez, tant qu'il vous plaira, mais un peu tard, qu'on ne vous y reprendra plus.

« Angélique de l'Homme. »

— Oui, c'est vrai, conclut-il après avoir lu pour la centième fois peut-être cette lettre de rupture peu généreuse, absolument vrai ; l'opportunisme m'a perdu : *Confiteor*.

Et dame ! ce disant, Aristide, chevalier d'industrie et du Moulineau, seigneur de divers autres lieux, avait le nez aussi long que M. Gambetta, quand je rencontrai ce trop ondoyant citoyen non loin des Jardies, entre Sèvres et Ville-d'Avray, le lendemain de la chute de ce grand ministère, qui fut si petit et s'abîma pour avoir si bien ou si mal ménagé la chèvre et le chou...

Mai 1884.

En Route

— 1873 —

En Route

Çà, vous autres, descendez! empoigne la lanterne, Anfyze; toi, Pétrul, une pelle; et quand j'appellerai, tu viendras avec *elle*, menu...

Sur cet ordre donné d'une voix impérieuse, le patron, auquel nul des siens n'avait jamais désobéi, sauta dans la neige où les roues du véhicule étaient enlizées jusqu'au moyeu.

— Nous voici, papa Dogan; nous voici tous les deux.

Et, louche fille fanée à l'œil faux, la bru de ce colosse vert et chenu qui, dans ses loques omnicolores, avait la majesté comme la beauté d'un sénateur romain, mit pied à terre, soutenue par son mari ; celui-ci, pileux, olivâtre ainsi que la plupart des natifs des Alpes-Maritimes, et l'air trop bonasse, s'approcha du maître, en fils respectueux ; puis, ayant allumé des torches de résine, ils inspectèrent ensemble l'équipage.

— Il y a plus de trente ans que je n'étais pas passé par ici, bourdonna le vieux en mordant les mèches de sa barbe blanche ; et toi, l'aîné, tu n'étais pas encore venu ; mais je m'y reconnais. Au delà des *pechs* d'en face, il y a les *gourgues* du Gévaudan ; ensuite Ydriad, un village, au versant d'une colline ; à cette époquelà, j'avais une ménagerie à moi seul, et le temps était moins dur qu'aujourd'hui. Nous franchîmes cette combe ventre à terre ; onze étalons de Tarbes et dix genêts d'Espagne ! ah ! j'étais mieux monté qu'à présent...

Hochant la tête en disant cela, l'ex-belluaire éclairait avec son flambeau sa baraque autrefois verte, vaguement bleuâtre maintenant, tant elle avait souffert des intempéries. Assise sur deux essieux, dont l'un racommodé naguère à la diable, en Vendée, menaçait ruine, elle contenait une cuisine où les repas se prenaient en commun, un dortoir en divers compartiments; était percée de sept fenêtres, trois de chaque côté, l'autre au fond; et, là-haut, un tuyau de poêle dépassait le toit de zinc au-dessus duquel la fumée, en ce moment-là, solidifiée presque instantanément, retombait autour des ridelles du char en pluie de grésil. Les quatre bêtes faméliques qui l'avaient traîné jusque-là se blottissaient au bord de la route, sous un foyard dont elles essayaient en vain de ronger l'écorce trop lisse, enduite d'une couche de givre que le froid avait pétrifié. Depuis quelques minutes, le timonier, une brune jument bretonne, aux paturons engorgés, étoilée de plaies vives au garrot et dont les harnais crevassés étaient aussi chargés de frimas que les branchages d'alentour, avait culbuté sur le verglas, au pied du tronc de l'arbre, entre un mulet bai-zain du Poitou qui montrait ses yeux vitreux, ses dents déchaussées par la carie, et certain bœuf rouge d'Auvergne, amputé d'une corne et tellement efflanqué que le delta compris entre ses côtes et ses hanches s'enfonçait à plus de vingt centimètres sous les os du fémur ; à deux pas de ce ruminant une ânesse grise des Pyrénées s'escrimant à broyer entre ses gencives absolument dégarnies d'ivoire les touffes épineuses d'un buisson, ripostait par des braiments étouffés aux lamentables bêlements de deux chèvres et d'un mouton aussi blancs que le tapis immaculé qu'ils sillonnaient, ainsi qu'aux clameurs de deux chiens saures ne hurlant pas qu'à la lune, qui dans un ciel bas, mais net, illuminait la profondeur où, balayée par les vents contraires, s'était abattue toute cette famille de nomades.

— Ici; sous cet églantier ! interrogea le plus jeune des deux bateleurs errants ; qu'en pensez-vous?

— Oui, Transi, dépêche ; et toi, l'Enflammée, avance donc !...

Celle qui se morfondait un falot à la main en abrita la tremblante lumière au revers d'un tertre, et son époux aussitôt fouilla le sol enseveli sous un suaire sans tache, épais d'une toise au moins ; et quand il eut creusé près de l'arbuste une fosse longue de trois pieds et large de deux, il murmura :

— Voilà, ça y est !

Endolori, d'une voix rauque, plus étranglée qu'il ne l'eût peut-être voulu, l'ancien cria :

— Petit, apporte-*la* : doucement, tout doucement !

Alors un bout d'homme exsangue et malingre, dont les prunelles écarlates semblaient saigner au bas d'un front blafard, apparut sur le limon d'arrière, étreignant dans ses bras de squelette un corps brunâtre et roidi.

— Doune, Blanquignô !
— Non ;... c'est à moi !

Puis cet albinos, haut comme une botte de gendarme, et qui, n'ayant plus que le souffle, pliait sous son léger fardeau, s'élança vivement et marcha très ferme vers l'étroite tombe destinée à la frêle créature qu'il serrait de toutes ses forces contre son cœur navré.

— M'amie, ô m'amie !...

Et, saisissant le fanal, il en promena les fumeux rayons sur la face de ce cadavre encore chaud.

— Déjà ! déjà !...

Jamais paroles aussi douloureuses ne furent adressées à sa maîtresse expirée par le plus tendre des amants, et, certes, jamais non plus corps de fiancée ou d'épouse ne fut inondé de larmes plus amères que celles chues sur la dépouille de cette guenon.

— Colomba, mon ange, ô toi qui nous as quittés, adieu !

Les témoins de cette séparation si déchirante, y compris le moins sensible d'entre eux, pleuraient. Ah ! c'est qu'en même temps que la joie de leur mobile foyer, ils perdaient aussi le pain quotidien. Elle, la défunte, et lui, le veuf, avaient été leurs seules ressources pendant toute la saison. A la ville, aux champs, et partout où le hasard les avait conduits, en quelque endroit que la troupe eût planté sa tente, eux seuls, ces amoureux unis comme la chair et l'ongle, ces inséparables aujourd'hui sevrés l'un de l'autre par l'impitoyable faucheuse, attiraient les curieux ; et la foule s'attendrissant à leurs caresses si passionnées, à leurs jeux si délicats, admirant l'agilité de cette intelligente monine qui, l'œil toujours fixé sur les prunelles extasiées de son adorateur, dansait au bout d'une perche embrasée ou sur une corde tendue d'une toiture à l'autre, dans les nues, autant, si ce n'est plus encore, que la docilité de ce pygmée, qui semblait taillé dans un bloc de marne, auquel, elle aussi, de son côté, faisait exécuter des tours extraordinaires ; car, s'il n'avait guère de nerf, ni la souplesse, ni l'audace, ne lui manquaient point, la foule ne leur marchandait ni les bravos ni les sous, et l'on mangeait après le travail. Hélas ! elle s'était éteinte, l'exquise acrobate à nulle autre pareille ; hélas ! la charmante camarade avait succombé par ce rigoureux hiver, qui figeait les fleuves en leur lit, et les cascades en l'air, à la phtisie dont elle était minée depuis fort longtemps, elle, l'enfant dépaysée des tièdes jungles de l'Inde ; et lui, ce fils des nègres de la torride Gorée, atteint du même mal que sa fidèle compagne, n'avait certainement pas huit jours à vivre. En rendant l'âme, elle les avait tous remués jusqu'aux moelles par des plaintes inarticulées, mais éloquentes; et puis, elle ayant pour lui comme lui pour elle un amour non pas seulement mystique, ils avaient échangé le plus ardent baiser conjugal. Les mains simiennes, les petites mains velues et noires s'étaient accrochées au cou du survivant aussi pâle qu'une statuette d'albâtre, et les babines de la bestiole, soudées aux lèvres de l'homoncule, n'avaient cessé de le respirer qu'en se glaçant; et lui, maintenant, après l'avoir déposée, ensevelie dans ses oripeaux de parade, au fond du trou, sanglotait en murmurant dans son délire de confuses litanies...

— Allons, ordonna le chef, qui suffoquait, en route!

En un clin d'œil, la fosse fut comblée, le nain transporté presque évanoui dans la niche où la morte et lui longtemps avaient marié leurs souffrances et leurs joies ineffables; ensuite le chemin ayant été désobstrué, les animaux furent attachés derechef à la lourde maison roulante et, pour leur prêter renfort, tout le monde tira.

— Pousse ! en avant ! trime fort ! aïe ! hue ! dia !...

Bêtes et gens parvinrent enfin à gravir la rampe adverse et, sur le plateau, tandis que l'attelage soufflait et que, remontés en voiture, Anfyze et Pétrul ronflaient déjà côte à côte, Dogan se disait, en battant la semelle :

— Oh ! pardi, certes, si ce n'était pas lui !...

Frôlé juste à ce moment-là par un être furtif et débile, le géant, s'étant baissé, reconnut son lilliputien Blanquignô, lequel avait recouvré ses sens et qui, comme tous les nyctalopes, y voyant mieux au milieu des ténèbres qu'en plein midi, rétrogradait, éperdu, tout échevelé, vers le tumulus sous lequel dormait sa douce Colomba...

— Pauvre pulmonique ! En moins d'une

heure, par ce zéphyr de Sibérie, il aura craché ce qu'il lui reste de poumons et, demain, à l'aurore, on le ramassera gelé sur le cœur de sa singesse ; oui, oui, ma foi ! mais puisqu'il déserte ainsi, lui, tout change...

Et, ses poignets noueux crispés derrière son dos athlétique, le vieil artiste forain, pensif et parlant très haut à son insu, rôda sur cette âpre cime où, durcie, la nappe de neige, étincelante comme un miroir, réfléchissait tous les feux clairs du firmament :

« A quoi bon tergiverser et pourquoi pas tout de suite ? Il était ruiné ; la misère l'étranglait et nul espoir de s'en dépêtrer dorénavant ! Ah ! quelle gabegie et quelles traverses ! Sa déconfiture avait commencé l'année de la guerre, où ses deux aînés, engagés volontaires, ces rudes gars à qui pas un clown n'avait jamais marché sur la queue ni sur la huppe, périrent aux frontières en la même bataille ; et leur mère, écrasée de chagrin, ne leur avait pas survécu. sa vaillante Kina, magicienne sans égale, dont raffolaient les bourgeois de toutes les villes, et qui ne le trahit jamais, lui, son fier mâle, jonglant sur les places publiques et dans les cirques avec des obus et des fusils chargés!... Engourdi maintenant, éreinté, quoi! caduc, c'est à peine s'il avait la force de soulever avec ses mâchoires quelques pierres de taille ou le tonneau rempli de sable, exercice assez rococo!... Vrai! le plus simple consistait à partir en compagnie de tous les siens, car, sans lui, que deviendraient-ils?... Son dernier-né, le paillasse, un godiche qui n'écoutait rien, s'était associé cette mauvaise écuyère, une garce se vantant d'avoir bien rôti tous les balais; au lieu de faire rire, il faisait pleurer les badauds, ce jean-foutre, et n'était pas fichu de manœuvrer la barque ni de gagner la moitié d'un sou. Quant aux chéris, les serviteurs à quatre pattes, fatigués de pâtir, ils en avaient plein le dos, eux aussi ! Zazé, la jument de voltige, était sourde, bancale et cornarde; Ignard, le mulet de combat, aveugle et plus couronné qu'un roi; Rüll, le taureau valseur, ne digérait ni le foin ni la paille et la gale le dévorait; Trouni, l'ànesse chantre, avait des lunes et crèverait à bref délai du vertigo; Galline et Juvotte, les biques savantes, souffraient d'une diarrhée incurable et puaient autant que des boucs; Umiel, l'agneau carnivore, était couvert de bosses, avait le piétain et se déplumait de haut en bas; enfin, Nacor et Xil, les dogues instrumentistes, avaient le farcin et craignaient l'eau, signe de rage. Incontestablement, assurément, en laissant derrière soi tous ces infirmes usés jusqu'à la corde et las d'agoniser sur toutes les routes de France et de Navarre, lui qui, d'ores et déjà, ne savait plus à quelle sainte andouille se vouer pour les nourrir un brin, il agirait en sauvage, en bourreau, vu que, sitôt décampé, de deux choses l'une : ou le fils, cet innocent, lâché par sa femelle qui ne demandait pas mieux que de le planter là, claquerait tout d'un coup, assommé par la douleur, ou battrait la breloque et serait, inconsolable et fou, conduit aux loges; elle, la particulière, libre alors, s'en donnerait à tire-larigot avec tous les merlans de la terre et ravalerait notre nom; eux, nos quadrupèdes, affamés et décarcassés, à la voirie, à l'équarrisseur!... Et moi, si j'avais la couardise de ne pas tirer la révérence à l'honorable société, la borne d'abord, et puis, sacré nom de Dieu! la morgue ou l'hôpital; et disséqué! Le diable me brûle, il vaut cent mille fois mieux filer en chœur tous ensemble, et plutôt aujourd'hui que demain! Autant d'épargné, famine et gel; autant d'économisé! Partout ailleurs, ce serait peut-être moins commode qu'ici; donc, aux Gourgues, aux Gourgues!... »

On appelait ainsi dans la province le précipice insondable devant lequel la guimbarde s'était arrêtée au sommet de la montagne, et ce nom roman : *Gourgos*, signifiant en français : tourbillons, lui venait de divers torrents qui grondent, été comme hiver, à trois cents pieds de la crête du puy. Les eaux, par cette température hyperboréenne, n'y bruissaient aucunement, et l'impassible vagabond, se penchant sur l'abîme, les vit congelées entre des arêtes de rochers abrupts, entassés pêle-mêle les uns sur les autres, et coiffés d'énormes garrics. Seul, un oiseau, l'escarpement étant là presque à pic, eût pu plonger en ce vaste entonnoir, au fond duquel, ainsi que de formidables lances d'acier, miroitaient et se croisaient des flèches de granit...

— Allons ! allons !

Et le vieil homme, ayant écarté ses rosses rangées en arbalète, les disposa de front, caressa ses chiens, son bélier, ses chèvres enchaînés sous le lit de la charrette, baisa aux naseaux sa cavale, sa bourrique, son mulet, son bœuf, et, rassemblant guides et rênes en l'une de ses mains, se cramponna de l'autre aux brancards..

— Si depuis vingt-quatre heures nous sommes à jeun, nous n'aurons plus la fringale tout à l'heure ni jamais. En pareil cas il n'y a que le premier pas qui coûte. Hip! mes brutes! En route... pour l'éternité? Hop!...

Elles reculèrent en renâclant et, de leurs mufles mêlés et convulsés, sortit une buée fumante.

— Un peu de courage ! Holà ! n'ayez pas peur : on se délivre...

Il leur banda les yeux au moyen de maints haillons, et les ayant flattées, attirées à l'extrémité de la margelle, il s'élança brusquement, entraîna tout dans le vide en jetant vers les étoiles frissonnantes ce cri :

— Salut, mes belles ! salut, mes bonnes, et toi ma mauvaise aussi, l'on s'en va !...

Presque aussitôt un choc inouï, terrible, répercuté par mille échos, éclata ; puis des myriades d'aiguilles de cristal s'écroulèrent avec le vibrant cliquetis d'un million de vitres cassées par la foudre et, pendant que le char disloqué, broyé, pulvérisé ricochait de roc en roc, emportant avec soi les animaux y liés, une longue clameur composée de beuglements, de hennissements, de braiments, de bêlements et de vociférations humaines s'exhala de ce gouffre tumultueux, où des flots de sang teignaient en pourpre les neiges amoncelées, et se perdit, en montant dans l'immensité sans bornes d'un ciel riant, tout constellé.

Mars 1882.

Au Feu!

— 1880 —

Au Feu!

Tel est le cri qui retentit à la fin d'un jour gris comme le ciel des Flandres, à travers les prés salés que les dunes de Santhoven séparent des plages de la mer du Nord, dont les vagues se brisaient non loin de là contre les pieux d'une estacade ; et force riverains de l'Anse de l'Yser guidant des touristes de tous pays se hâtaient vers un monticule planté de hêtres et de pins d'entre lesquels avaient jailli les lueurs de l'incendie. Au moment où les gardes-côtes qui répandaient l'alarme arrivèrent au sommet du raidillon sablonneux s'amorçant à la butte, il n'était déjà plus possible de combattre le fléau. Les grands arbres de la futaie au milieu de laquelle, à demi dévoré par le feu, le vieux château-fort flanqué de tourelles, craquant de toutes parts, ne tarderait point à s'abîmer, oscillaient ainsi que s'ils eussent été secoués par des rafales, et flambaient comme des tiges de paille. A l'une des plus hautes baies de cet inaccessible manoir, circonscrit de fossés, apparurent tout à coup deux figures humaines empourprées par les sanglantes illuminations du foyer : une dame assez jeune encore et très belle sous sa chevelure d'un noir d'encre encadrant les traits quasi virils de sa face au teint bis, étoilée d'yeux extatiques ; un adolescent imberbe, à peine formé, presque un enfant, nimbé de cheveux blonds, à l'œil bleu limpide, tel que l'ont les vierges, cerné pourtant comme celui des courtisanes, et le visage efféminé. Périr ainsi dans ce gouffre de braise béant au-dessous d'eux, elle y semblait résignée et même en paraissait heureuse. Accrochée des deux bras au cou de l'éphèbe, elle avait, en ses blancs vêtements flottants, l'air d'un ange aux ailes entr'ouvertes et prêt à s'envoler parmi les nues où trône son Dieu ; mais lui, l'autre chérubin, voulait vivre ; en soi, tout le criait, tout : ses regards éperdus, ses suppliantes mains qui tremblaient ainsi que celles de l'homme le plus sénile, sa bouche écarlate un peu flétrie par les baisers corrosifs de la seule femme qu'il eut aimée, et cependant il ne datait guère que d'hier le premier qu'il avait reçu d'elle.

— Ah ! c'est fini ; pas moyen de les tirer de là, murmura la foule, assistant, impuissante et terrifiée, à leur supplice ; ils sont perdus !...

On ne les connaissait aucunement, on ne les avait jamais rencontrés errant sur les grèves ni dans les casinos de la côte. Une Espagnole, elle, sans doute ; et lui,

Flamand, selon les apparences ? Erreur !
Ils étaient Wallons, semi-Français, tous
les deux. Unique fille de l'un de ces épais
et riches bourgeois de la Belgique qui ne
pensent qu'à digérer en paix la sève con-
vertie en or, qu'ils sucent sans cesse à ce
maigre peuple hébété qui ne jouit d'aucun
droit politique et ne s'insurge pas contre
les gras oligarques dont il est le serf et le
forçat, elle avait grandi sans que son pro-
créateur, occupé, tout le long de l'année,
tantôt à flagorner les censitaires auxquels
il devait son siège de représentant, et tantôt
à circonvenir, afin d'être poussé par eux
au ministère, celui des finances surtout,
les libéraux et les catholiques, les sous-
Malou comme les sous-Frère-Orban, aussi
peu philanthropes les uns que les autres,
songeât à s'inquiéter de son éducation ni
de son avenir. Élevée par une béguine de
Malines, qui s'évertuait à lui inculquer
le goût des choses hyperphysiques, elle
connaissait, à peine nubile, tous les mys-

tères de la religion et toutes les poésies des Lakistes. A dix-huit ans, elle lut notre Lamartine, et pressentant en elle une nouvelle Laurence, elle rêva de conquérir un autre Jocelyn. O les livres ! Au lieu du candide jouvenceau qu'elle appelait de tout son cœur en ses cruelles insomnies, il lui vint un prétendant aussi noble que Don Juan et non moins dépravé que lui. Toute sa spiritualité protesta contre cette union charnelle habilement préparée par ses proches, et toutes les gouttes de sang castillan qu'elle avait dans les veines, ainsi que la plupart de ses compatriotes des anciens Pays-Bas, se révoltèrent à l'idée de subir les approches de l'arrogant et sceptique bellâtre qu'on s'était permis de lui choisir à son insu. Non, jamais elle ne consentirait à s'allier à ce dandy si matériel, non plus qu'à trahir le nuageux élu que la Providence lui réservait certainement. Hélas ! il ne se dévoila point, tandis qu'elle s'épuisait à fléchir la volonté paternelle, et, très surprise de la surdité de l'Éternel et de l'indifférence de Marie et de Jésus à son égard, elle céda. Dieu! quel calice de honte et d'amertume! Elle le but tout entier en frémissant. Appartenir, elle, immaculée, éprise d'un lis virginal, à ce boueux époux, rebut de toutes les filles folles? Eh quoi! c'était donc cela, le mariage? On sème une fleur, on l'entoure de soins, on lui mesure la chaleur et la clarté pour qu'elle croisse et s'épanouisse à l'abri des orages, et voilà qu'un jour on la livre toute parfumée, exquise et suave, à quelque cynique imprégné d'odeurs de tabagies et de bouges qui la respire brutalement, et la cueille, et la fane, et la brise... Heureusement que de semblables liens ne sont pas infrangibles en Brabant! Elle les dénouerait, ces nœuds funestes: elle la romprait, cette atroce chaîne, et s'affranchirait de cet ignominieux servage. Innocente! On la délaissa bien avant qu'elle n'eût osé rien entreprendre pour sa délivrance. Il avait des maîtresses, son mari ! plusieurs, entre autres une ballerine avec laquelle il courait sans cesse de Paris à Londres et de Londres à Paris, en passant quelquefois par Bruxelles. A présent, n'était-elle pas libre de s'offrir, hélas ! indigne et déflorée, à l'amant idéal que le ciel n'avait pas daigné lui accorder, quand elle était sans tache et blanche comme l'Agneau pascal. Oui, mais où le chercher, où le joindre, où le saisir, cet être chimérique ? existait-il ? Elle désespérait de l'obtenir, il se présenta enfin. Orphelin, ne dépendant que de lui seul et comme elle en quête d'un autre soi-même. Ils mêlèrent leurs âmes, qui n'en firent bientôt qu'une, et tout ce qui sommeillait en eux, s'éveilla soudain. Non, elle ne se souvenait plus que sa poitrine avait été contaminée, et lui dont elle étreignait la chair impollue, apprit d'elle, en la lui révélant, toute la volupté qu'ils avaient ignorée jusque-là. Tous les deux également jaloux de se dérober au monde, ils s'en écartaient d'un commun accord, et c'est ainsi que, pour se posséder davantage, ils s'isolèrent. Au bord de la mer, ensevelis dans un nid de verdure, au fond des bois, leur félicité ne serait-elle pas complète? Et leur rêve se réalisa. Sous les soleils de l'été, sous les yeux des étoiles, en pleine nature, ils s'enivrèrent l'un de l'autre. « Oh! mourir sous tes caresses, lui disait-elle parfois en ses égarements de bonheur, je le désire, je le souhaite, et peut-être ce sera! » Mais lui, moins astral, à qui tout souriait dans ce coin béni, répliquait en la berçant: « Il vaut mieux vivre! » Avec ses lèvres elle lui fermait la bouche, et, de nouveau, toujours, ils s'anéantissaient dans une béatitude sans bornes. Ha! c'est alors qu'intervint l'odieux corrompu dont elle avait porté le nom maudit! Elles l'avaient grugé, ces sensuelles créatures sur la gorge banale desquelles il s'était vautré si longtemps ; et voici qu'il réclamait impérieusement sa femme, sa femme légitime dont il se souciait comme d'un fétu, mais dont la fortune personnelle lui servirait sinon à rétablir la sienne, du moins à conserver ses habitudes luxueuses et libertines de gentilhomme fort chic. On la poursuivrait; elle eut peur qu'il ne la contraignît à se rendre et surtout qu'il ne lui arrachât le trésor qu'elle avait trouvé. Loin, bien loin de se persuader qu'un vicieux de sa trempe, réduit aux expédients, composerait, et qu'en se dépouillant elle l'obligerait, après avoir évité tout scandale, à acquiescer à leur divorce, elle se crut condamnée à le subir encore et se vit à jamais sevrée de celui qu'elle adorait à genoux, à mains jointes, comme une divinité. Quitter le paradis et n'y plus rentrer! Un tel sacrifice était au-dessus de ses forces, et plutôt que d'abandonner aux caprices du sort cet Adam dont elle était l'Ève, elle eût préféré le détruire et se détruire ensuite, s'il ne se déterminait pas à fuir avec elle la terre et à gagner leur vraie patrie : les cieux ! Il remarqua, le bien-aimé, combien elle était anxieuse et l'interrogea. Confiante, elle s'ouvrit à lui, mais l'effroi qu'il manifesta en pénétrant le sens des paroles mystiques qu'elle avait prononcées avec l'accent inspiré des visionnaires fut tel qu'au lieu de la détourner de ses desseins il l'induisit à y persister, et bientôt, convaincue que ce bel enfant céleste, altéré des joies imparfaites d'ici-bas, serait inhabile à s'en éloigner, elle s'avoua qu'elle ne saurait jamais prendre sur elle de renoncer à lui, et pour ne point le laisser en proie aux tentatrices qui se lèveraient fatalement sur son chemin, elle résolut de monter avec lui là-haut, d'où, naguère, il était descendu. Nulle autre qu'elle ne goûterait ces extases ineffables, ces suprêmes délices qu'elle avait par lui connues et qui se perpétueraient dans une sphère plus pure. Il avait été créé pour elle, elle pour lui ; leurs âmes indissolubles s'en iraient à tire-d'aile vers l'immortelle lumière et l'éternel amour. Ainsi spéculait-elle souvent, et à l'heure qui précéda celle où leurs destinées terrestres qu'elle avait préparées avec le froid transport de ceux qui croient s'immoler pour leur salut s'accomplissaient, elle lui lut d'abord diverses pages de prose abstruses et cependant si suggestives de cet étrange génie de l'Amérique du Nord que méconnurent tous ses compatriotes et la plupart de ses contemporains, entre autres celle-ci :

...... Plonge ton regard dans les lointains d'en haut et que ton œil s'efforce de pénétrer ces innombrables perspectives d'étoiles, cet océan de myriades d'astres qui se fondent en une incommensurable unité! C'est le ciel! Il nous est révélé que sa destination est de fournir des sources infinies où l'âme puisse soulager cette soif de bonheur qui est en elle. Ah! viens vite, mon ange, suis-moi! nous laisserons à gauche l'éclatante harmonie des Pléiades et nous irons rabattre loin de la foule dans les prairies étoilées, au delà d'Orion, où, au lieu de violettes et de pensées,

nous trouverons des couches de soleils triples et de soleils tricolores...

ensuite lui récita, le tenant enlacé dans ses bras et pressé contre son cœur, ces quatorze vers impérissables qui semblent avoir été dictés par une voix d'outre-tombe au poëte extraordinaire qui nous les légua :

Nous aurons des lits pleins d'odeurs légères,
Des divans profonds comme des tombeaux
Et d'étranges fleurs sur des étagères,
Écloses pour nous sous des cieux nouveaux.

Usant à l'envi leurs chaleurs dernières,
Nos deux cœurs seront deux vastes flambeaux,
Qui réfléchiront leurs doubles lumières
Dans nos deux esprits, ces miroirs jumeaux.

Un soir plein de rose et de bleu mystique,
Nous échangerons un éclair unique
Comme un long sanglot, tout chargé d'adieux;

Et bientôt un ange, entr'ouvrant les portes,
Viendra ranimer, fidèle et joyeux,
Les miroirs ternis et les flammes mortes.

..... Soudain une horrible clameur s'éleva, tout croulait; Elle, sereine, et Lui, délirant, environnés de flammes radieuses, sombrèrent ensemble dans la fournaise. On découvrit leurs ossements calcinés sous les ruines du château : de ces deux amants, hier encore, aspirant la vie à pleins poumons, il ne reste aujourd'hui que des cendres et leurs âmes... peut-être.

Juillet 1883

Partie Carrée

— 1869 —

Partie Carrée

Non loin du parc historique de Saint-Cloud, deux très bons diables qui s'étaient ignorés jusque-là, se rencontrèrent au milieu du jour, un dimanche, en plein été. L'un, aussi robuste que pileux et quasi-nu, gouvernait tant bien que mal, en fredonnant, une périssoire, lorsqu'il aperçut l'autre, à demi bossu, fort bancal et chauve comme un genou, qui, s'étant endormi sur le talus de la rive gauche de la Seine en pêchant à la ligne, dégringolait dans le fleuve. En un clin d'œil le canotier avec sa pagaie entra parmi les herbes aquatiques où pataugeait presque noyé déjà le pêcheur, et le retira tant bien que mal de l'eau. Quelque dix minutes après, assis au fond d'une guinguette riveraine, ils causaient en se séchant devant un grand feu.

— Tu buvais, sais-tu?

— Dame, oui! je le confesse, et plus qu'à ma soif...

Et, très attendris, ils commandèrent un litre d'Argenteuil et se firent de mutuelles confidences en trinquant.

— A ta santé!
— Plutôt à la tienne!
— Oh! merci bien.
— N'y a pas de quoi.
— Pardon.
— Non pas.
— Si, si!

Clown à l'Hippodrome, celui-ci, Beauceron, aussi gai qu'un moineau, n'avait connu ni père ni mère, était peu renseigné sur son âge et, pendant une quinzaine d'années, avait roulé dans toute l'Europe avec des bateleurs ; on le réputait intrépide lapin, et c'était un conquérant, oui, car à l'entendre, elles raffolaient de lui, toutes les étoiles du manège, qui l'avaient, à cause de sa fabuleuse agilité, surnommé Fend-l'Air. Au lieu d'avoir pérégriné, celui-là, Morvandiau, triste comme un bonnet de nuit, n'avait jamais quitté Paris, où les siens et lui résidaient dès sa plus tendre enfance ; employé d'abord comme saute-ruisseau, puis en qualité de calligraphe chez un avoué de la Chaussée-d'Antin, il était encore, à vingt-neuf ans, aussi chaste qu'une rosière, et les autres bureaucrates, qui ne pouvaient l'arracher de sa chaise et l'entraîner avec eux à la chasse des grues, s'étaient permis de lui décerner une guirlande de fleurs d'oranger et le sobriquet assez désobligeant de Cul-de-Plomb...

— Bigre, est-ce bien vrai cela, tu l'as encore ?

— Encore !

— Hé bien, n'aie pas peur, avant peu, j'en réponds ici, tu perdras ce que tu as gardé si longtemps.

— On ne demande pas mieux, si je trouve chaussure à mon pied.

— Aie confiance en moi, vieux, et je te botterai, comptes-y.

— Soit !

Ils se lièrent tant et si bien à dater de ce moment-là, que chaque jour à l'heure où les maîtres ès patrocine vaquent au tribunal et leurs clercs à l'estaminet, l'histrion allait tailler en l'étude déserte une bavette avec le scribe, qui, lui, se rendait tous les soirs, en sortant de sa gargote, à ce qu'il appelait la maison aux chevaux, où bientôt les dames et les demoiselles de la troupe le tutoyèrent à l'envi. Lui, n'en distinguait qu'une seule, et non pas la moins attrayante de l'escadron. Oh ! quelle amazone ! oh ! là, là ! Dès qu'elle paraissait au manège, à peine vêtue de gaze, un tonnerre de bravos l'accueillait, et voilà que sur son bai-zain aux paturons marqués de balzanes, de la couronne au boulet, et monté à cru le plus souvent, elle glissait, ondulait, flottait, cette friande rousse à l'œil noir, ainsi qu'une sylphide en l'azur, au bruit des pétards éclatant sous les sabots du pur-sang acclamé comme elle par les sportsmen et les gommeux en délire. Ayant hésité beaucoup à déclarer sa flamme à cette noble déesse équestre, il s'y décida pourtant, le pied plat, et fut rabroué par elle de telle sorte qu'il faillit en perdre illico le goût de boire et de manger, voire la raison.

— Nom d'un petit bonhomme! en te décarcassant ainsi, toi, cadet, tu me chagrines, s'écria dans les écuries après une représentation des plus brillantes son intime, qui, certes, méritait bien le titre dont on l'avait décoré, car nul mieux que lui ne rebondissait sur les orteils, du lit aux frises de l'arène; on l'eût dit en caoutchouc, et pour les grimaces comme pour les sauts périlleux et la boutade, à lui la cocarde et le pompon ; oui, cette inhumaine, on te l'amadouera, mon cher, et tu t'en régaleras à ton gré ; va, sois tranquille, elle se rendra.

— J'en doute ; elle ne voudra jamais, jamais, d'un sans le sou fichu comme je le suis.

— Si fait.

— Allons donc !

— Il ne s'agit que de la griser ; rien de plus facile ! une fois grise, elle vous appartient.

— Est-ce que par hasard tu l'aurais eue ainsi, toi ?

— Ni de cette façon, ni de toute autre, affirma l'excellent drille, qui mentait effrontément afin de ne pas broyer le cœur au pitoyable amoureux, qu'il affectionnait tout autant qu'un frère ; oh ! non pas, seulement, on est au courant de tous les trucs en usage ici, laisse-moi manigancer à mon aise et nous rirons ; un peu, rien qu'un peu de patience !

— Autant qu'il en faudra...

Selon sa promesse, il en dépensa beaucoup et trop, parbleu ! le pauvre sire, à telles enseignes qu'il n'en avait plus du tout le matin où son ami lui coula dans le tuyau de l'oreille :

— Enfin, nous y voici ; le grand moment est venu, quelle partie carrée ! Oh ! ça y est... et ça ira.

— Quand ?

— Demain, à moins que tu n'aies pas le courage de me suivre...

— Où donc ?

— Assez loin d'ici, riposta le jovial, là-haut, tout là-haut, auprès du tonnerre, en paradis.

— Sapristi, me blaguerais-tu ?

— Non pas ; on t'invite à déjeuner avec ta Sophie et ma Zoé, jeudi, midi sonnant, au salon de Lustucru, près du pont de l'Alma, derrière le Trocadéro.

— J'y serai.

— Bon !

Nul des sus-nommés, environ quarante-huit heures après ce dialogue à bâtons rompus suffisamment énigmatique, n'eut garde de manquer au rendez-vous, où l'on se piqua si consciencieusement le nez qu'en s'éloignant ensemble, bras dessus bras dessous, du fameux cabaret, tous les convives et leur amphitryon ne se tenaient plus sur leurs jambes. Un fiacre passait devant eux, ils s'y casèrent et, fouette, cocher. En moins de dix minutes ils furent rendus au Champ-de-Mars, où l'on gonflait, en présence d'une foule houleuse, un bel aérostat. Ayant congédié le carrosse qui les avait charriés, ils pénétrèrent dans une baraque, ivres aux trois quarts, en roucoulant.

— Houp-là, mignons ! ordonna le boute-en-train, on n'attend plus que nous au festival.

— Allons-y...

— Minute ! eh ! les fricotteurs, un bout de toilette d'abord !

Là-dessus, il ôta ses habits de ville et se couvrit, devant son inséparable étonné, d'une peau de bouc dont les cornes s'ajustaient à merveille à son front, tandis que l'écuyère et sa camarade, une diabolique gymnasiarque qui, brune comme une nonne infernale, en pinçait pour le casse-cou, s'accoutraient en bacchantes ; et puis ils affublèrent en un tour de main leur commensal, absolument interloqué, d'une robe aussi poilue que cornue et le couronnèrent de roses.

— Y sommes-nous ?

— Oui, vieux loup.

— Hé bien, alors, mes petits agneaux, en route pour le firmament — et nous y tirerons la barbe à grand-papa !

Tous les quatre traversèrent en chœur la multitude, qui s'ouvrait devant eux en les applaudissant à tout rompre, et s'arrêtèrent sous une immense affiche fixée sur un pan de carton qui se balançait à la pointe d'un mât :

AUJOURD'HUI

15 août 1869

ENLÈVEMENT DE NYMPHES

PAR

DES SATYRES

EN L'HONNEUR DU CENTIÈME ANNIVERSAIRE

DE SA MAJESTÉ NAPOLÉON Ier

Empereur des Français.

Or, ayant inspecté sommairement une espèce de mongolfière à laquelle appendait un bizarre appareil, soutenant un gros étalon, Fend-l'Air pressant tendrement contre son pelage velu sa maîtresse, devenue célèbre sous le faux nom d'Arthurine, enfourcha très paisible la bête captive, qui frissonnait en sentant le sol se dérober, et fit signe à l'autre mâtine, qui s'appelait réellement Pepita, de s'installer en

une corbeille d'osier à côté do Cul-de-
Plomb, abasourdi ; puis, les préparatifs
terminés, il cria :

— Tous les bibelots sont-ils dans le panier ?

— Ils y sont.

— Très bien !... à tantôt, les amis, à tantôt..., lâchez tout !

— Ah ! ça, mais, interrogea l'écriveur, qui s'effarait, où nous conduis-tu, toi, l'artiste ?

— On te l'a déjà dit : aux astres ! au bonheur !

Et la machine aérienne, saluée par les fanfares de mille cuivres et les bravos du populaire, s'élança majestueusement dans le bleu.

— Mesdames et messieurs, on vous la serre à tous ; bonjour !

— Au revoir !

Une rafale qui soufflait avait déjà saisi le ballon, qui faillit naufrager au départ. Il en fut quitte pour une déchirure assez légère au réseau, près de l'équateur, et, dégagé des branchages d'un grand ormeau, continua son ascension, d'autant plus téméraire que l'aérostier, auquel était dévolue la direction de ce vaisseau difficile à gouverner, avait, on ne sut jamais pourquoi, fait faux bond aux navigateurs, qui, pour si peu, ne renoncèrent pas à leur extravagance. Ils se moquaient bien du thermomètre, du baromètre, de la boussole et des divers instruments épars autour d'eux, la paire de toqués en train de rigoler dans la nacelle en regardant le public qui leur semblait s'enfoncer dans la terre et celle-ci se creuser en forme de cuvette. Encore plus fou, l'autre couple se baisait à bouche que veux-tu dans le bleu sur leur monture, qui renâclait, stupide entre les vastes ailes en carton peint, accrochées au-dessus de ses flancs et lui prêtant la vague apparence d'un hippogriffe chevauché par quelque paladin et telle châtelaine, ou de Pégase lui-même, emportant aux sommets du Parnasse un aède et sa muse.

— Hé, l'endormi !
— Quoi, ma vieille ?
— Expédie-nous par l'express une fiole de champagne.
— Oui, de suite...

Une bouteille au goulot coiffé d'argent fut, à l'aide d'une ficelle, aussitôt adressée à ces heureux amants ; ensuite une autre fut débouchée et bue dans la manne, où les deux vis-à-vis ne tardèrent pas à converser en se chatouillant les pattes et le museau.« Tiens, tiens, il n'était pas si laid que ça, l'avorton; il embellissait à vue d'œil; et la superbe blonde soupirait en le guignant, tandis que lui, moins timide à présent avec cette beauté qui l'avait toujours dédaigné jusque-là, s'enhardissait au point de lui caresser le bec et le corsage. Et voici que de plus en plus provocante elle lui racontait que si très souvent elle avait fait des bêtises sur terre et sur l'eau, dans les pataches, en sapin, en barque, en steamer, en wagon, et même aussi dans une auberge en feu, jamais, au grand jamais cela ne lui était arrivé dans l'air; et, dame! elle avait bien envie de savoir si ce n'était pas meilleur là que partout ailleurs. Éberlué, mais charmé de son captieux et gentil babil, il se délectait en la corbeille ainsi qu'en un hamac et s'y laissait bercer comme en un rêve. Il eût juré, ne s'étant pas senti soulever, que la grosse toupie, pleine de fumée, ne bougeait pas, mais ayant lancé quelques œillades en bas, il remarqua que le Panthéon, au-dessus duquel elle filait en ce moment-là, n'était guère plus haut qu'une cabane. Un peu surpris, il considéra le sol : les bâtisses, les villages, les campagnes, les villes s'enfuyaient, tourbillonnants. Ainsi vues, à vol d'oiseau, les collines ne se distinguaient pas des vallées, et la Seine, qui se déroulait à travers champs au delà des fortifications, apparaissait telle qu'un mince ruban d'émeraude ourlé d'étain. Nom d'un tonnerre! Était-ce drôle, ça, tout de même? Afin de mieux se rendre compte de la rapidité de la course, il étendit la main; nul vent, aucune brise. Un bout de papier à cigarette qu'il avait posé sur le bord de la nacelle n'y frissonnait même pas, et pourtant ils franchissaient l'étendue avec une vitesse de quarante-cinq lieues à l'heure au minimum, environ cinquante mètres par seconde : aronde n'avait jamais volé de la sorte.

— On se cajole ici tant qu'on peut; eh! vous autres, là haut?

— Tout doucement!

Et s'étant, elle et lui, penchés simultanément, ils aperçurent à douze ou quinze pieds au-dessous d'eux leurs compagnons de voyage qui s'embrassaient à qui mieux mieux. Ils eussent été bien sots, eux, de ne pas imiter ces sans-souci. Mais oser! Il balançait encore, le nigaud, le godiche, le cornichon, et peut-être ne s'y fût-il point déterminé si deux lèvres altérées ne se fussent posées d'elles-mêmes sur les siennes. Alors il fut brave et se risqua. Sa vaillance allait être entièrement récompensée, quand il ressentit une très vive impression de froid et comme une certaine difficulté dans la respiration. Hé, qu'était-ce, ça? Ses mains à demi gelées bleuissaient, et cependant le soleil lui brûlait les tempes. Tout à coup, un cri, quel cri! l'alarma terriblement. Il se leva, se baissa, regarda, frémit et pâlit. Adieu l'amour, adieu! la mort était là... Les liens où l'on avait assujetti le cheval ailé s'étaient à demi rompus, et celui-ci, bientôt, avait glissé sous ses sangles, à peine maintenu. Désarçonnés par ce choc subit, les amants avaient désuni leurs bras, leurs bouches, et la femme, culbutée dans le vide, tombait, lourde comme un boulet, d'une hauteur de plus de trois mille toises. S'étant accroché machinalement à la crinière de l'étalon que des barres de bois disloquées et des courroies de cuir décousues retenaient par la croupe dans l'appareil, lui, l'homme, d'un calme effrayant, cherchait à remonter sur le garrot de la bête ahurie dont les naseaux pendaient sur la sphère invisible ; il y parvenait, déjà même il avait empoigné l'extrémité d'un câble entortillé, lorsqu'elle se détacha brusquement et roula sens dessus dessous dans l'espace sans bornes illuminé par les feux pourpres du couchant, tandis que son cavalier avec une souplesse de serpent, une bravoure de héros, grimpait à la force des poignets au long de la corde enchevêtrée et qui, malheureusement pour lui, se dénoua. Recommencer à s'élever, il essaya, quoique épuisé, l'imperturbable bouffon de l'Hippodrome. Une soixantaine de pieds au moins le séparaient de sa copensionnaire du cirque et de son ami le clerc. A mi-route il s'arrêta, les muscles tordus, les veines du front et celles du cou prodigieusement gonflées, ses doigts rivés au chanvre ; à bout de souffle il mesurait alternativement et sans sourciller les deux gouffres, le ciel et la terre, héroï-comique comme en bas dans les lices avec son visage enfariné, sous ses deux houpettes pyramidales or et feu...

— Fend-l'Air ?

— Adieu, répondit le clown, enfin ébloui, mais toujours souriant, adieu les tourtereaux !

Épouvanté, tassé sur lui-même, écrasé sous un poids colossal qui lui cassait les reins, il assista, le misérable plumitif, à cette chute icarienne, et fermant enfin ses yeux écarquillés jusque-là, contracté, roide, il s'abîma, la tête lui tournant comme une girouette, au fond du panier, y resta pantelant, en proie au plus atroce vertige, tandis que sa compagne de dangers, la Cypris, la Vénus, cheveux épars et les seins nus, se trémoussant comme une épileptique, ouvrait en même temps la soupape et jetait du lest à pleines mains. Secoué par des vents contraires, le globe volant tournoyait sur place. Ayant cessé de planer, il repartit plus léger, plus prompt qu'une flèche. En quelques minutes, il dépassa des altitudes que n'avaient jamais atteintes ni Glaisher, ni Coxwall, ni Gay-Lussac, ni personne, et là, vogua dans un océan de nuages moutonnant comme des vagues et déferlant sur le dôme comme elles sur les plages. Ensuite il traversa des zones glaciales où rayonnaient tantôt deux, tantôt trois soleils couronnés de halos, et des croix lumineuses semblables à ce *labarum* en qui, sous Rome, auprès du mont Milvius, sur les bords du Tibre, les légions de Constantin et celles de Maxence, l'ayant aperçu dans les cieux, reconnurent un signe évident de la nouvelle et toute-puissante divinité. Ces phénomènes, ces météores, ces manifestations de la seule nature, les malheureux voyageurs qui respiraient encore les entrevirent à peine, et, transis jusqu'aux moelles l'un et l'autre, asphyxiés à demi, ne s'aperçurent même pas des éclairs et des foudres qui déchiraient autour d'eux les cirus et cumulus. Soudain, leur engourdissement redoubla. Perdus dans les ondes de l'air irrespirable, où l'oxygène est si rare, ils sont dévorés par une soif ardente, éprouvent des tintements d'oreilles; une langueur invincible les accable, enfin ils s'évanouissent, s'endorment et, faute de combustible, leur vie, comme une lampe, va s'éteindre. Ils gisaient côte à côte, les yeux ternes et la bouche ensanglantée, ainsi que naguère les tragiques savants Sivel et Crocé-Spinelli, lorsque, chargé de neige et d'aiguilles de glace, le ballon descend. Ensemble, ils s'éveillent sous un torrent d'eau qui les submerge et les ranime : elle est folle; il est fou! Bientôt, à leurs pieds miroite une surface polie, et c'est la mer, la mer formidable; on l'entend rugir et se briser au loin contre des môles ou des falaises. Inconscient de ses actes, il se vêt de la nappe en laquelle on avait mis du café, du vin, des gâteaux, des liqueurs, et chante en dansant au moment même où l'aérostat, très dégonflé, rase les flots et s'incline prêt à sombrer. Insensée, absolument éperdue, l'écuyère miaule, glapit, aboie, pleure, se précipite par-dessus bord et disparaît sous une montagne d'écumes phosphorescentes. Aussitôt la banderole écarlate fixée au-dessus du cercle d'équateur abaisse ses pointes vers les lames, et le navire de soie plonge de nouveau dans les nues et les escalade ; un quart d'heure après il en dévale comme une pierre, oh ! bien par hasard, le dernier survivant à la fameuse partie carrée ou plutôt à la catastrophe qui l'avait interrompue, venait de tirer par mégarde la corde de sauvetage, et tout le gaz s'échappait en sifflant du ventre du colosse ; arrêté par un rideau d'arbres, il bondit comme une balle élastique, retombe et rampe. En se traînant, il se heurte contre une muraille et crève. Alors, les innombrables fuseaux d'étoffe dont il est formé s'affaissent, ridés et flasques. Une bande de villageois s'approchent du monstre qui râle, dégorgeant en son agonie un reste de vapeur noirâtre ; ils le saisissent, expirant, par sa queue, le guiderope, qui se meut toujours, s'avancent vers sa gueule et reculent, terrifiés, à l'aspect d'un spectre à cornes de bouc et blême comme la cire, enveloppé, tel qu'un cadavre, d'un linceul, qui jaillit, tout hérissé, sous une couronne de fleurs, de cet amas de peaux humides et puantes, se signe en riant aux éclats et gigote en braillant à tue-tête :

Il était un petit bonhomme,
Il était un petit bonhomme
Qui n'avait ja.. ja... ja... ja...
    Jamais navigué,
Qui n'avait ja... ja... ja... ja...
    Jamais navigué ;

Il était un petit bonhomme,
Il était un petit bonhomme
Qui dans le ci... ci... ci... ci...
    Ciel s'en est allé,

> *Qui dans le ci... ci... ci... ci...*
> *Ciel s'en est allé;*

puis, se tapant la bedaine à coups de poing, emphatique et grotesque il brait en tremolo :

— Le voilà, c'est lui, mes seigneurs; oui, c'est lui, toujours vierge et martyr, Cul-de-Plomb !

Août 1881.

Jeanty Loiseau

— 1872 —

Jeanty Loiseau

Rien de plus vrai, ma foi, que ce que nous assurait un soir de l'autre hiver, au coin du feu, M. Ecorcheville, l'ancien marchand de toiles, qui s'est retiré dans ses terres, voisines des nôtres : « A Paris, les minutes ne durent pas plus que les secondes ailleurs. » Il avait raison, ce vieux polichinelle qui, dans sa jeunesse, a si bien roulé sa bosse un peu partout, à ce que j'ai souvent ouï dire en nos alentours, oh! bien raison; et la preuve en est que seulement aujourd'hui, depuis ma disparition de là-bas, je trouve le temps de gribouiller ces quatre mots qui vous causeront, je l'espère, un sensible plaisir, encore que vous soyez, du moins je me le figure, un peu fâché contre moi, qui n'ai point cessé ni ne cesserai d'être votre serviteur. Recordez-vous, si vous m'avez cru mort, oncle, avec neuf pans de terre sur l'estomac; celle-ci vous montrera que je jouis d'une bonne santé.

Pourquoi partis-je de Montescault, il y a quatre ou cinq semaines, sans fifres ni tambours, ni musettes, et pourquoi ne puis-je me déraciner d'ici? Demandez-le, s'il vous plaît, à l'aîné de Piibelle, le retraité, qui vous en instruira. « Riche comme tu l'es depuis le décès de tes proches, tu devrais voyager, me répétait-il sans cesse, aller à la capitale, où moi je suis resté deux ans en garnison; ah! quelle cité, mon ami, quelle cité! parles-en au médecin, au juge de paix, au vétérinaire, au curé de notre village, qui la connaissent, et tu sauras alors qu'en penser. «

Enfin il me tourna tellement la tête, ce fin bavard, que je m'envolai comme un simple étourneau... Sapristi ! l'on peut l'affirmer sans crainte d'être démenti, le chemin de fer, quand on n'y saute pas, est une crâne, crâne invention, et l'inventeur a, mieux que personne, mérité d'être décoré. Si jamais je le rencontre, ce particulier, je lui serrerai la pince ! En quinze heures, pas une de plus, pas une de moins, je fus transporté de notre misérable bourgade en cette reine des villes, où vous serez saisi, mon ancien, je vous en réponds, si jamais la fantaisie vous prend d'y venir passer quelques jours. Ah ! Piibelle ne m'en avait pas conté. Je suis encore tellement éberlué de ce que je vois ici que véritablement ne sais comment vous en rendre compte. Ho ! c'est bien vrai, la capitale vaut toute la France, et comme chez nous, les capucins n'y font pas la loi.

Ce Paris !...

Imaginez-vous, oncle, qu'il y a là cinquante fois plus de nation que n'en tiendraient entre leurs murailles toutes les villes du Languedoc réunies : Albi, Castres, Béziers, Montpellier, Carcassonne, Lavaur, Toulouse, y compris notre Montescault; et j'estime que pour en faire le tour à pied, il faudrait à tout homme autant d'heures que pour remonter des sources de la Garonne aux crêtes des Pyrénées. Saint-Dieu! quelle ruche! on s'y pousse, on s'y coudoie, on s'y talonne, on s'y mêle, on y marche au soleil, sous la pluie, dans le vent, avec le même entrain, et de quelque côté qu'on s'y tourne; où qu'on tire, force vous est de tenir les yeux ouverts, car on rencontre à chaque pas des choses nouvelles, plus miraculeuses les unes que les autres.

A droite, à gauche, des échafaudages qui montent jusqu'aux nues, des usines où l'on fond le fer, où l'on taille le marbre, où l'on fabrique des fleurs plus belles que les marguerites des prés, des chandelles aussi luisantes que les étoiles du ciel. Ici, tu vois des brigades de grenadiers qui vont sac au dos et guêtrés de coutil; là, des régiments de dragons, le casque en tête et le mousqueton au poing, et partout des carrosses qui roulent sur le pavé de rues larges une fois plus que nos grandes routes royales, entre de hautes rangées de maisons, aussi hautes que la cathédrale de Rodez.

Un jour, tenez, je me pris à compter tous ceux qui défilèrent devant moi dans l'espace d'un quart d'heure; il en passa, croyez-moi si vous voulez, huit cent soixante-neuf! et ce n'est pas étonnant; tout se fait en voiture ici, les mariages, les baptêmes et les enterrements. Oui, c'est comme ça, mon brave oncle, on porte en calèche les époux et les nouveau-nés à l'église, les trépassés au cimetière, et les voleurs en prison. Nenni, rien n'est beau comme Paris, il n'y en a qu'un au monde, et je m'y carre comme un poisson dans l'eau ! Ces maisons... oh ! j'y reviens et j'y reviendrai !... l'on vante chez nous le tribunal de Castelnaudary ; bah ! ce n'est qu'une grange, une bicoque, une turne, à côté des moindres bâtisses alignées ici sur les boulevards, et la collégiale, la vieille collégiale de Cahors, dont on a plein la bouche en Haut-Quercy, n'est qu'une chapelle d'ermite, pécaïré ! en regard de Notre-Dame de Paris. En voilà pour le coup un temple ! Ajusté, gréé comme un navire, et quel navire ! Avec ses grosses tours et son clocher pointu comme une aiguille, avec ses toitures qui se coupent et forment la croix, ses arcades de pierre que le temps a brunies et qui s'accrochent les unes aux autres telles que des mains colossales, avec ses anges, ses saints, ses évêques, ses rois, ses Jésus et ses Maria qui l'enveloppent de partout et grimpent jusqu'à sa cime, elle vous trouble, cette basilic (*sic*) énorme, assise entre deux quais au bord de la Seine (entre parenthèses, ce fleuve, je l'avoue, n'égale pas notre Garonne), où glissent lentement de pesantes gabarres et fument, aussi lestes que des hirondelles, force bateaux à vapeur pareils à ceux qui font le service entre Agen et Bordeaux. Il n'y a pas à dire mon bel ami, cette maçonnerie est une jolie pièce. Et les palais donc qui l'avoisinent !... Admirez un peu : Voici les Tuileries, où naguère habitait le Roi, c'est-à-dire l'*Empereur ;* voici le Louvre, un fameux château de plaisance ; voici le Palais de Justice, où l'on plaide encore plus qu'à la cour de Toulouse ; voici la Conciergerie, où l'on enferme tantôt les gouvernants et tantôt les gouvernés, puis l'Hôtel-de-Ville, hier brûlé jusqu'aux fondements et qu'on relève aujourd'hui, la grande maison communale où le peuple entre avec des fusils et des sabres, voire des canons, quand il n'est pas content ou que sa patience est à bout.

Ha ! si vous m'en croyez, oncle, embarquez-vous un de ces quatre matins, voguez vers moi ; vous jouirez ici d'un rare coup d'œil, soyez-en bien convaincu. Les bâtiments vous y plairont autant si ce n'est plus qu'ils me plaisent à moi-même, et vous confesserez sans façon que ces citadins sont des gaillards qui ne se mouchent pas du pied. En voilà des lapins, qui n'ont pas froid aux yeux ni les mains gourdes! Un ouvrier de la capitale, quel qu'il soit, est, rapportez-vous-en à moi, mille fois plus ferré que n'importe quel maire ou quel curé de chez nous : aussi se fait-il resp cter; et ma fy! je te promets qu'on lui donne du monsieur gros comme le bras. « Si tu me marches sur les cors, aristo, gare la baigne! et toi, calotin, ne nous chiffonne pas avec tes griffes poisseuses, entends-tu? » Vingt dieux! Un peuple premier que celui-ci! Quelquefois, sans se gêner, il dit aux avocats en train de prêcher tout de travers : « As-tu fini? Qu'est-ce que tu radotes, espèce de mufle ? »

et très souvent à quelque roi qui se rengorge un peu trop dans sa majesté : « *Veto*, toi! » ce qui signifie en français : « Halte-là, fiche-nous la paix, et vite, autrement tu seras cogné, giflé, rossé, pignouf! » Ah! ces Parisiens sont uniques.

Et les Parisiennes donc...

Quelles créatures! hormis les ailes qui leur manquent, on dirait des oiselles, oui ; ça pépie, ça piaule, ça jacasse, ça gazouille, ça batifole, ça rit, ça chante, elles sont toujours contentes pourvu qu'elles aient quelques falbalas à se mettre sur le poitrail ou sur le dos et des souliers fins aux pieds. En vous figurant qu'elles ressemblent en quoi que ce soit aux femmes de chez nous, vous vous abuseriez, oui-dà! Nos payses sont brunes comme des mulots, courtes, trapues, sobres autant que des bourriques. Ici, c'est le contraire en tout et pour tout! Aussi rousses que des abeilles dans le miel et bourdonnant de l'aube à la brune, elles trottinent à plaisir, et quand par hasard on en tient une par le bras, on la sent à peine tant elle est légère ; on jurerait par le Diable qu'on traîne après soi quelque bout de nuage. Et puis, elles embaument de la racine des cheveux à la plante des orteils, et telle est leur délicatesse qu'à chaque instant on suppose qu'elles vont se trouver mal et passer de vie à trépas. Ah ! bien oui, je t'en fiche ! On ne conçoit pas comme elles reprennent en un clin d'œil ; et ces mignonnes-là ne boudent pas à la crèche, je vous en flanque mon billet. Un kilo de bœuf, rôti, bouilli, qu'importe ! ne leur fait pas peur, allez, et des gâteaux, on ne leur en tiendrait point ; toutes grignotent comme des rats. On se demande positivement où va se loger tant de crème et tant de farine ! Et nerveuses, solides sans en avoir l'air, infatigables au bal, et même ailleurs ! Soit dit entre nous ici, j'en sais une qui ne pèse pas une once, et qui, ma foi, me roue de coups et de caresses, si bien que lorsque je la quitte, aussi pimpante, aussi fraiche que si jamais elle ne s'était actionnée, moi qu'on reporte robuste et qui le suis certainement, je trébuche et souffle de même que si je venais de labourer une pierraille. Et puis avec elle, pas moyen de se fâcher. Il faut l'entendre me dire quand je me dépite un brin : *il n'est plus gentil, L'Oiseau!* Ah! ces blondes d'or ou d'argent, on les mangerait, et les boirait, et je m'en acquitte, oui; mais, motus! assez causé pour le quart d'heure; on dirait des bêtises.

Oncle, vous le savez, j'aime autant que quiconque le pays où je suis né; je conserve les meilleurs souvenirs à nos vallons, à mon joli coteau, mais, jeune encore et curieux d'apprendre ceci, cela, le reste et tout ce qui s'ensuit, je demeurerai, c'est probable, longtemps ici, rue des Abbesses, à Montmartre, n° 5, au troisième étage, et la porte en face, à droite, tout au fond du corridor; et puis, un jour, quand je me rapatrierai, vous, le premier peut-être de tous, déclarerez en m'entendant jaser : « En voilà, par exemple, un prédicateur ! on lui a bien coupé le fil ! est-il savant ? ah ! pour sûr, là-bas il s'est dégourdi ! » Que voulez-vous, mon ancien, on reste où l'on se trouve bien, et je ne serais nulle part mieux qu'ici même, où campagnards, artisans, ouvriers ou bourgeois, on se traite d'égal à égal en toute liberté. Vive Paris ! où pauvres et riches ont voix au chapitre, et se tutoient, le cas échéant, tout comme si, parlant par respect, ils avaient gardé les cochons ensemble !...

En attendant le plaisir de vous revoir ici, sinon là-bas, ou tout au moins en Paradis, où pas plus qu'à moi, certes, il ne vous tarde de monter, n'est-ce pas ? car le plancher des vaches a bien son charme aussi ! je vous salue, oncle Lafleur, le bien nommé, car vous êtes sans conteste celle de notre chère bourgade, vous embrasse avec tous les égards qui vous sont dus, et me proclame une fois de plus ce que je n'ai jamais manqué d'être depuis le berceau, votre dévoué neveu, Jeanty Loiseau, de Montescault, Tarn-et-Garonne..., à votre service, aujourd'hui comme demain, à toute heure, en tout lieu, parole de Gascon rigolo! comme chacun et chacune m'appellent au bal de la Grue Sans Plumes et du Rastaquouère Empaillé, chez Bel-Œil.

Octobre 1875.

Quelqu'un

— 1862 —

Quelqu'un

A Clovis Hugues

Un soir, au fond du courtil de mon ermitage de Sèvres, tu t'émus, jeune homme, en écoutant ce que je te racontais d'un vieil intransigeant en matière d'art, qui, comme le poète des Fleurs du Mal. eut le malheur de planer au-dessus de ses contemporains, et, de même que ce magicien ès lettres, en fut cruellement puni ; donc, il ne te déplaira pas sans doute que j'aie inscrit ton nom à la fois plébéien et populaire, quoique doublement royal, en tête de ces quelques pages, où je touche un mot de ces deux aristocrates *de la plume et de la rampe qui, dédaignés de la foule et du journalisme alors qu'ils étaient parmi nous, en reçoivent tant de marques d'admiration aujourd'hui qu'ils n'y sont plus.*

L. Cl...

Mon maître, que j'aime d'autant plus que je m'approche davantage de la tombe où trop tôt il est descendu, ce patient ciseleur de phrases, inutile de le nommer, n'est-ce pas ? un jour où de mauvaises gens de lettres, comme il y en a toujours eu, s'étaient permis de dire devant lui que « parmi les contemporains aucun n'avait vraiment de génie, et, qu'en somme il n'y avait plus personne ! » huma l'air et, s'étant tourné tout pâle vers moi, que ces sottes paroles avaient offensé fort à cause de lui, s'écria :

— Cher ami, n'en croyez pas ces messieurs, ils se trompent ! Allez demain, si vous voulez vous en convaincre, à Beaumarchais, et vous verrez qu'il y a quelqu'un.

Ho ! je vis... Il était huit heures et demie environ, le lendemain soir, quand je débarquai de l'omnibus de la Madeleine à la Bastille avec trois de mes camarades aussi pauvres que moi. Le théâtre, non loin de là, flamboyait : « Il doit être plein comme un œuf, car pas un chat n'y entre! » Et nous craignîmes, mes copains et moi, qu'on ne pût faire droit à la requête dont j'étais muni. Les préposés au contrôle auxquels je la présentai me prièrent, après y avoir jeté un coup d'œil, d'en référer à qui elle était adressée, et, tous les quatre, nous suivîmes un couloir sombre et visqueux au fond duquel, derrière des vitres malpropres, rougeoyait la lueur fumeuse de quelques chandelles de suif. Empressé, très empressé, celui que nous demandions en sortit bientôt avec notre lettre d'introduction au bout des doigts, et le voici tel qu'il m'apparut : Très voûté, petit, humble sous son pourpoint royal de velours noir tout frippé, de magnifiques yeux sombres avivant son visage ovale, sillonné de profondes ravines, et à califourchon sur un nez un peu crochu, des bésicles scintillant, atteintes de je ne sais quelle projection de lumière.

— Outre que je n'ai rien à refuser au signataire de ce mot trop flatteur pour moi, nous dit-il, la voix éraillée et le geste sénile, je suis très heureux de vous être agréable ; on va frapper les trois coups ; hâtez-vous de monter aux premières galeries, on vous placera dans la loge d'avant-scène, à gauche...

A peine étions-nous installés que la toile se leva. Debout et le poing apposé sur le dossier du fauteuil où soupire Gertrude, sa mère, et l'œil fixé sur son oncle Claudius, le meurtrier du dernier roi, dont le spectre invisible le hante sans cesse, Hamlet, endolori, préoccupé, taciturne, aigu, sinistre, était là. Quelle beauté funèbre et quelle vigueur de mimique! Il devait être encore très jeune, cet acteur, et c'est pourquoi sans doute les passions diverses qu'il avait à rendre, l'amour, la haine, la vengeance, son âge lui permettait d'en ressentir toute l'intensité. Brusquement, il haussa le front et l'un de nous ne put réprimer un cri. C'était le cabotin chétif et fané qui nous avait si gauchement accueillis en bas une minute auparavant, et pareille métamorphose, presque instantanée, nous semblait inconcevable. Ah! nous n'avions pas fini d'admirer! Évidemment le héros de ce drame impérissable jouait pour une poignée d'artistes admis comme nous dans la salle avec des billets de faveur, et non pour les trop rares bourgeois payants épars sur les banquettes. Un célèbre sculpteur en cheveux blancs, au-dessous de nous, murmura, parlant à plusieurs dames extasiées : « Il dégote tout, oui! vous avez raison; jamais Talma devant le parterre de rois asservis à l'empereur corse ; jamais Rachel en présence des princes de la critique, tous brûlant pour cette reine tragique et jaloux de s'atteler à son char d'or et de feu ; jamais cette déesse, jamais ce dieu ne m'ont paru plus grands ni si beaux que ce bout de sacré diable-à-quatre avec son léger accent gascon ! » Et nous, blancs-becs, nous nous entre-disions que, si ce n'était pas là le Danois obèse, gras, court, asthmatique et blond créé par le vieux Will, du moins le brun et maigre forcené que Delacroix avait peint en se colletant avec Shakespeare revivait devant nous. Salvini, Rossi, ces superbes déclamateurs italiens, nous les trouvâmes en comparaison bien ternes, quelque vingt ans plus tard; eux, cependant, nous offrirent à la salle Ventadour la pièce à peu près telle qu'elle fut écrite, tandis que celui dont nous nous étions si vite enthousiasmés figurait dans une traduction peu rigoureuse ou plutôt dans une interprétation en vers d'Alexandre

Dumas, appropriée au goût français et découpée en cinq actes, où s'ajustaient tant bien que mal les vingt tableaux de l'œuvre originale. Oh! la scène muette de l'éventail au château d'Elseneur! Il me semble que j'y assiste encore. Ébloui, fou, délirant, effréné, ce rêveur hanté par l'ombre paternelle embrassait les planches en rampant vers les deux régicides terrifiés par la représentation imprévue de leur propre crime, et telle était la puissance de son jeu que la fiction avait absolument disparu; c'était la vie, la vie elle-même en ce qu'elle a de plus douloureux et de plus tourmenté. Puis le *to be or not to be*, la stupeur et l'épouvante de l'halluciné, quand il crie à sa mère affolée : « Il est là, mon père, vêtu comme de son vivant; regardez ! » Ensuite, l' « Hélas ! pauvre Yorick ! » au cimetière, la rixe avec Laërte sur la tombe d'Ophélia, le duel au fleuret empoisonné, le massacre général enfin, nous frémîmes à chacun de ces morceaux, et nous frémissons encore en y songeant. Une fois dehors, mes compagnons et moi, nous marchâmes longtemps silencieux, et ce n'est qu'au moment de nous quitter, au passage Mirès, aujourd'hui des Princes, que nous nous écriâmes de concert :

— Il faudra, le plus tôt possible, revoir Rouvière !...

Un peu moins de douze heures après, je barbotais dans une ruelle marécageuse parallèle au boulevard Beaumarchais, au bout de laquelle une piètre maison à trois étages, tombant de vétusté, empiétait sur la voie publique et la rétrécissait au point qu'un camion n'eût pu y passer. Et c'était là !... J'escaladai quarante ou cinquante marches branlantes fuyant sous mes pieds en me cramponnant des deux mains à la corde graisseuse qui servait de rampe ; et sous les combles, au fond d'un corridor inondé par l'eau suintant des parois spongieuses, une grosse clef, telle qu'on en voit aux portes des cellules dans les prisons, tremblait en sa serrure au choc de mes pas ébranlant le carreau; puis je frappai deux coups.

— Entrez!

Une cave, une grotte, un four! et ce n'est que lorsque mes yeux se furent accoutumés à la brume épaisse dont j'étais enveloppé qu'ils y distinguèrent un capharnaüm inouï. Quantité d'oripeaux, de loques omnicolores, de haillons pailletés encombraient quatre ou cinq escabeaux boiteux pêle-mêle avec des fioles, des pots de fard et des armes : sabres, épées, dagues, cimeterres, yatagans, claymores, glaives; et, poussiéreux, exhalant une insupportable odeur de moisissure, des manuscrits et des bouquins s'entassaient aux quatre coins de ce taudis, du plancher au plafond. Enfouie parmi ces paperasses, ces chiffes, cette ferblanterie, une tête ravagée et blafarde se dressa :

— Pardon! je me trompe sans aucun doute...

— Eh! non, pas du tout, répondit en se levant très péniblement le débile locataire du logis, qui m'avait reconnu; c'est bien ici, chez moi; je vous en prie, asseyez-vous...

Un tabouret, le seul disponible, bâillait là, dépaillé; je m'y laissai choir, abasourdi. Debout, l'homme s'appuyait sur une table ronde, chargée de grossiers reliefs. Assurément, il avait déjeuné de quelques bribes de petit salé, d'une flûte et d'une chopine d'eau, le prince de Danemark! Une puante lampe à pétrole fumait entre nous, l'éclairant de pied en cap. Alors je remarquai l'in-folio qu'il avait devant lui, puis sa mise : une méchante vareuse de flanelle tout effilochée; aux pieds, des savates, et point de bas; une courroie autour des flancs et des pantalons collants, trop courts, déchirés au-dessous des chevilles. Oh! cette figure radieuse de martyr et ce regard de fouilleur têtu! Très rare, sa barbe noire, échancrée aux joues et fine comme la chevelure d'un bébé, s'argentait sous le menton, et ses yeux offusqués, flétris, sanguinolents, rouvieux, éteints, clignotaient comme ceux d'un typographe excédé.

— J'ai voulu, monsieur, vous remercier du plaisir énorme que vous m'avez fait hier au soir.

Il me tendit sa droite que je serrai vigoureusement et répliqua, non sans hésitation :

— Oui, j'étais assez en veine vers dix heures!... Il m'est venu dans ma longue scène avec Ophélie : *Entre dans un couvent, pauvre fille! entre dans un couvent!* une intonation, un geste que j'avais en vain cherchés six mois durant... Ah! ce n'est pas commode de bien camper sur pattes un personnage tel que celui-là!... D'ailleurs, on a beau s'y tuer, si quelques amateurs nous en savent gré, le public n'y mord guère.

— Un peu de patience; il y viendra, parbleu!

— Non; il n'y comprendra jamais rien; et voilà ce qui me désole, moins pour moi que pour mon auteur favori, le meilleur de tous ceux qui chantèrent et rimèrent... Tenez, en ce moment-ci, je suis en train d'étudier son *Jules César*, et dans le texte anglo-saxon, car personne en France n'a traduit encore convenablement cette pièce que je jouerai tôt ou tard, dussé-je la transposer moi-même en alexandrins... Sacredieu! le discours de Marc-Antoine au Forum, où saigne le cadavre encore chaud du dictateur, il n'y a rien de comparable à cela nulle part, non, pas même en notre sublime Corneille... et je ne suis peut-être pas de taille à dégoiser ça!... Puis, il s'agit de se composer une vraie caboche romaine, et pour l'instant, on manque d'un miroir pour s'y regarder gesticuler et s'y grimer à l'occasion; imaginez-vous que ma glace, une très jolie plaque de verre dont, à Calais, lord Dawn m'avait fait cadeau, se décrocha du clou, l'autre semaine...

Il s'arrêta ; je compris qu'il tâchait de me donner le change et lui-même s'aperçut de mon incrédulité.

— Je mentais, excusez-moi, reprit-il ; entre gueux, on n'a rien à se cacher ; or, le fait est qu'elle ne se décrocha pas du tout ; au contraire, c'est moi qui l'accrochai, rue des Blancs-Manteaux. Ah! les temps sont si durs, et mon Directeur n'encaisse pas un sou. Vingt francs le cachet, au maximum, on n'a que ça, sans compter que c'est à moi de pourvoir aux besoins de l'amoureuse et de la duègne, qui me touchent de fort près l'une et l'autre... il y a des jours où j'ai sérieusement envie de reprendre la palette et le pinceau ; mon premier métier me nourrirait, je présume... A propos, est-ce que vous m'aimez dans le *More de Venise* ?

— Au moment où le Théâtre-Historique monta ce drame, j'étais en province et je regrette fort...

— Tant mieux que vous ne m'ayez pas

vu là... Non seulement j'ai déniché depuis lors en un vieux livre allemand des renseignements exacts sur la manière dont Shakespeare exigeait que fût vêtu son Othello, mais encore on m'a promis l'arme authentique d'un calife d'Espagne, et j'en userai, vous pensez, à la prochaine reprise, pour me poignarder sur les coussins dont j'étouffe la chaste Desdémona; puis, enfin, nous savons à présent comment il faut dire: « Oh! le mouchoir, le mouchoir? » et le : « Tu triomphes, Roumi! » de même que : « Voilà la cause, ô mon âme, voilà la cause! » et les paroles suprêmes, coulées en alexandrins par Ducis et que vociférait si solennellement l'académique et féroce Ligier, dont plus d'un d'entre nous s'inspira, celles-ci : « J'empoignai ce chien de circoncis à la gueule et l'égorgeai ainsi. » Vrai, je vous l'affirme, il n'y a que la harangue dont je vous ai tout à l'heure entretenu qui l'emporte sur ce dénouement et sur tout le reste. Ah ! c'est qu'elle est vraiment surprenante... « On a tué votre bienfaiteur, citoyens, mais ceux qui l'ont tué, Brutus et les autres, sont des hommes honorables, très honorables ! » Écoutez donc un peu, critiquez-moi sans vous gêner, par exemple !...

Et le tragédien récita la tirade qui le tourmentait ; en moins d'une minute, je fus témoin d'une nouvelle transfiguration et plus étonnante que celle de la veille. Il avait retrouvé toute l'énergie de sa verte jeunesse, cet être cassé, ratatiné, détruit, aboli. Débordante de sève, sa parole peignait l'éloquence des tribuns antiques comme sa main avait autrefois peint les barricades de 1830. En lui tout jouait, muscles et nerfs, son esprit et son cœur. Tout à coup, je n'oublierai jamais cela, le splendide artiste perdit haleine et porta les deux mains à sa gorge en trébuchant. Il chancelait encore qu'une horrible toux lui secoua la poitrine, et, comme je le soutenais sous l'aisselle, un flot de sang, jailli de sa bouche convulsée, empourpra tout autour de lui des papiers et des linges...

— Un vieux rhume, souffla-t-il épuisé, ce ne sera rien !

Ne sachant plus comment maîtriser mon émotion, je le saluai, dès qu'il se sentit un peu mieux, et partis, persuadé qu'il s'abusait sur son état.

— A bientôt, j'espère, me cria-t-il en m'éclairant du haut de l'escalier sans cage, à bientôt, et dites à votre parrain de m'envoyer son volume de poésies, un chef-d'œuvre, à ce que m'a déclaré Théo sur le pont des Arts, et, dame, il s'y connaît, celui-là !...

Peu de jours après, le 2 mai 1862, à l'Ambigu, j'assistais à la première des *Beaux Messieurs de Bois-Doré*, drame tiré par un adaptateur réputé pour habile du roman si curieux de George Sand, et, comme tout le monde, j'applaudissais Adèle Page, exquise Laurianne, Jane

Essler, très piquante, ma foi, dans Mario, puis encore le fatal et bel Antony reconnaissable sous le rouge qui masquait les rides du valeureux roquentin ne jurant que par l'*Astrée* d'Honoré d'Urfé, lorsqu'à ma gauche, un fauteuil d'orchestre, resté vide toute la soirée, fut occupé vers la fin du spectacle par un bien drôle de corps. En habit étriqué, râpé, court de basques, et brandissant un feutre à haute forme que les pluies, les neiges et les soleils avaient roussi, ce retardataire rasé comme un prêtre, crotté comme un barbet et famélique comme un poète, se jucha soudain sur son siège et poussa des hurlements d'admiration quand le loyal et suranné Sylvain désarme en duel le traître d'Alvimar. En dépit des chut! et des assis! assis! silence! à la porte! il criait encore, cet énergumène, que le rideau se baissa. Je me retournai pour sortir et, nous trouvant nez à nez, nous nous reconnûmes simultanément.

— Tiens, m'exclamais-je, vous avez coupé votre barbe?...

— Oui; mais puisqu'on se rencontre enfin, sachez que je vous en veux et beaucoup.

— Pourquoi?

— De m'avoir comparé, moi si petiot, au colosse que toute la salle rappelle, ainsi qu'à l'autre lion qui rugit chaque soir à la Porte-Saint-Martin dans *Don César de Bazan!*

Et mon interlocuteur me répéta mot à mot, en toussant comme ceux que la phtisie dévore, une chronique théâtrale que j'avais rédigée naguère en ma qualité de critique intérimaire (je suppléais Théodore de Banville, alors souffrant d'une névrose) au *Boulevard*, d'Étienne Carjat, une belle et vaillante feuille hebdomadaire qui devait sous peu périr d'inanition, comme tant d'autres ouvrières de la ville et des champs, après avoir bien travaillé; voici quelques-unes de ces lignes assez bizarres de forme auxquelles je n'ai rien à changer quand au fond, car je pense à présent ce que je pensais hier de celui qui me les suggéra :

...« Les impresarios des deux rives de la Seine en ont peur de celui-là, très peur, une peur bleue. « Oh! se disent-ils, si grêle « qu'il paraisse, c'est un étalon trop puis- « sant pour les créatures étiolées et chlo- « rotiques de nos dramaturges. Elles à lui! « Les lui donner à saillir, allons donc! Il « les déchirerait, il est si farouche ; il les « ferait craquer, il est si brutal ! Qu'on le « taille, qu'on le châtre, qu'on le bistourne, « qu'on l'émascule, et nous l'emploierons « alors. » En attendant, on le laisse languir à Beaumarchais. Où qu'il soit, d'ailleurs, au Français, à l'Odéon, au Gymnase, à Bobino, regardez-le bien et vous verrez réellement Hamlet ou Lear, Charles IX ou Mordaunt. Tel quel, avec ses défauts, car il en a, certes, autant que de qualités, il est digne d'une place choisie au Panthéon de l'Art, entre Bocage et Frédérick. Quant à moi, je le dis sincèrement, il me serait impossible de serrer la main à l'un de ces trois hommes sans leur avoir ôté d'abord mon chapeau. »

— C'est mon texte ! déclarai-je, dès que la citation fut terminée, au modeste et grand histrion qui rougissait de plaisir en scrutant mes prunelles, et cette écriture, je la confirme ici.

— Vous avez juré de me faire crever de joie, vous !...

Il m'accompagna tout vibrant, tout attendri, jusqu'à la Chaussée-d'Antin où nous nous quittâmes, et jamais plus, depuis lors, je n'ouïs le son de sa voix. A quelque temps de là, cédant aux conseils de ses médecins, aux instances de ses amis, qui l'engageaient à se rendre à Nîmes, son pays natal, il se résigna, quoi qu'il en eût, à regagner le Midi. Les absents ont tort ; on l'oubliait déjà, d'aucuns même prétendaient qu'il s'était fixé là-bas, aux bords du Rhône ou du Gard, et qu'on n'avait plus à s'en occuper. Il n'en était rien. Un soir d'été, rue Vivienne, une voiture frôla le trottoir que je longeais. Ayant machinalement détourné la tête, j'aperçus soudain encadrée par les quatre angles de la portière du fiacre une face émaciée où s'incrustaient deux yeux caves pareils à des trous d'ombre, et presque au même instant un faubourien grasseya derrière mes épaules :

— Hé ben ! On ne l'encensera plus celui-là du haut du Paradis; il est flambé, nettoyé, foutu... poitrinaire comme un chien. Non, non, il n'ira pas loin, ce pauvre Philibert !...

En effet, Rouvière, dont c'était là le prénom et qui avait voulu rentrer à Paris avant de mourir et pour y mourir peut-être, expira bientôt en crachant les derniers atomes de ses poumons, et je m'inscrivis comme tant d'autres de ses fidèles sur la liste qu'on fit circuler dans les ateliers de peinture et de sculpture, ainsi que dans les bureaux de la presse, afin de recueillir de quoi payer les frais du monument funéraire qu'on se proposait d'élever à ce haut comédien incompris des innombrables fils de M. Prud'homme, et tombé dans la détresse pour n'avoir consenti jamais à prostituer son génie à la basse littérature dramatique en vogue alors comme aujourd'hui.

Janvier 1882.

Ho! fi! Pandore!...

— 1879 —

HO! FI! PANDORE!...

Fort et dru, presque autant qu'en Moscovie, il neigeait en Seine-et-Oise, cet hiver-là! Tous deux, femme et mari, les Bataillard, après avoir dîné tête à tête, se levèrent de table et s'assirent, transis et muets, devant le poêle chargé de houille et ronflant comme une mer lointaine. On percevait dans le grand silence nocturne la chute ininterrompue des flocons sur la ouate dont les routes et les champs d'alentour étaient feutrés. Soudain, il se piéta, lui, le gendarme, alla vers la croisée, égratigna le givre qui recouvrait les vitres et considéra le ciel où frissonnait une vieille lune blafarde; ensuite, il revint à sa place en se grattant le front. Elle, sa compagne, ardente et grasse quadragénaire à la lèvre lippue, eut un sourire bizarre et, tout en lissant d'une main sa grisâtre chevelure épaisse comme la crinière d'une cavale, et plaquant l'autre sur ses seins monstrueux qui débordaient le corsage trop étroit de sa robe mi-partie de laine et de velours, elle hennit, très langoureuse :

— As-tu la migraine ou te poussent-elles, Michel?

— La plaisanterie est mauvaise, quoique saugrenue, grogna-t-il en mordillant ses moustaches poivre et sel coupées en brosse, et je ne conçois pas que madame mon épouse se la soit permise en présence de son conjoint et légitime propriétaire, chevalier de la Légion d'honneur depuis la Commune, sacrebleu! et bientôt, j'espère, maréchal des logis...

— Eh, mon Dieu, qu'est-ce qui te chiffonne, m'amour? raconte vite, très vite, à ta chérie!

Il se rengorgea, se redressa sur ses jambes de héron que l'usage quotidien du cheval avait arquées, et, portant la droite à sa tempe, il répondit à sa moitié comme il l'eût fait au général inspecteur de l'arme, le jour de la revue annuelle, au Champ-de-Mars.

— Une rude corvée!... Est-ce t'y-z-asticotant... Il faut qu'à minuit précis un de mes lascars et moi nous montions en selle, et que nous nous rendions ensemble chez M. le commissaire de police, à Vignolay.

— Pourquoi donc?

Il tordit entre ses doigts noueux et calleux son menton étoilé d'une glorieuse balafre, et, montrant ses dents de loup, écarquillant ses yeux à la fois bénins et sauvages :

— Un secret, murmura-t-il, affaire de service, et c'est dur en cette saison; on sera, parait-il, occupé jusqu'à... l'aurore, inclusivement.

— Tiens, tiens !

Huit heures, neuf heures, dix heures, onze heures sonnèrent au clocher de la bourgade et quelques crêtes-rouges du voisinage claironnèrent en chœur dans leurs poulaillers.

— Ah ! déjà !

Puis, hargneux, il quitta sa veste d'écurie et revêtit à regret sa tunique d'uniforme :

— Et, questionna-t-elle assez et trop câline en lui bouclant le ceinturon, qui t'accompagne ?

Il mit en bataille son chapeau d'ordonnance et, bougonnant, tragi-comique il riposta :

— Je l'ignore ! On hésite entre mes trois subordonnés ; Savignôt tousse, Hersley boite, et le dernier m'ennuie. Il est distrait, d'ailleurs, ce maigriot, et prend toujours des vessies pour des lanternes, ainsi que j'eus l'avantage de le déclarer naguère à mon noble et sacré colonel, le baron Nueur des Pipes...

Oppressée, et jusque-là fort inquiète, elle respira plus aisément et se tranquillisa.

— T'as raison, il est bête comme ses pieds, et quand tu pars avec lui, je ne suis jamais tranquille ici, moi, ta mignonne; emmène qui tu voudras, excepté ce nigaud; il sera peut-être assez bon pour garder la caserne.

— Hum, ma foi! Mais ousqu'il est à cette heure? Il ronfle, je gage, ce polichinelle auquel il importe que je donne mes ordres.

S'étant approché de la fenêtre, il l'ouvrit, et passant sur un balcon de bois si chargé de frimas qu'on l'eût dit en albâtre, il cria de sa voix rauque de vieil enfant de Bacchus et de Bellone :

— Attention au commandement! ohé, toi, vigoureux?

Un grommellement des plus confus lui répliqua d'un cabinet attenant, et sitôt après, apparut le coco.

— Nous voici tel que le bon Dieu nous fabriqua, *priquetier*.

— Exprime-toi mieux, animal; un Alsacien comme ton camarade du deuxième étage a le droit, lui, d'estropier mon titre de cette façon, mais toi, non pas; en Gascogne on prononce différemment; tâche, en conséquence, d'imiter un brin tes pays, tes natifs.

— Sufficit, brigadierrr; excusez-moi si le dard m'a fourché.

— Bon!... il s'agit pour lors d'être aux écoutes pendant mon absence; on prétend que des filous rôdent en nos parages et des chiens enragés aussi; donc, veille au grain, use de tes prunelles; on te confie notre amazone et nos fonctions... une, deux, rompez!

Une émotion extraordinaire se manifestait sur la face non moins naïve que madrée du subalterne, aussi maigre qu'une arête et plus nerveux qu'un coq de combat. Il étira ses membres, les développa comme des ailes, entrebâilla son œil noir pailleté d'or, et, sa langue insinuée entre ses lèvres hérissées de quelques poils rêches pareils à ceux d'un matou, le voilà guignant, fort enflammé, très attendri, la mirobolante chatte de son supérieur, laquelle le caressait d'un regard furtif et si velouté...

— File donc; cours brider Favorite et reste avec elle personnellement jusqu'à ce que je descende !

Il s'élança très docile et s'arrêta sur la première marche de l'escalier. Étant doué d'une paire d'oreilles encore plus fines que larges, il avait surpris non pas un vague son, mais le bruit parfaitement accentué de baisers sinon francs, du moins ayant tout l'air de l'être, et cela le rendit rêveur, à tel point que sa songerie dura jusqu'au moment où son chef ayant enfourché sa jument alezane et détalé au grand trot en compagnie de l'un de ses cavaliers, il reparut tout poudré, blanc comme un pierrot de comédie en présence de la dame de ses plus secrètes et de ses plus criminelles pensées.

— Enfin, soupira-t-elle, enfin nous sommes seuls !

Il s'était trompé : Lui, c'est lui, rien que lui, que la toute belle adorait ; et l'autre, en décampant, n'avait après tout obtenu d'elle que ce qu'une personne du sexe, ayant ou non des amants, n'a pas le droit de refuser à son époux...

— Seuls, souffla-t-il à son tour en se laissant choir sur le fauteuil encore chaud où le cornigère avait fait sa sieste vespérale, oui, bien seuls, ma petite ; il me tardait...

Elle l'enlaça follement, le serra contre sa gorge monumentale où tant il aimait à se perdre, et de leurs bouches unies s'envolèrent mille et mille fois en quelques instants ces uniques paroles si délicieusement monotones :

— Ah ! Victoire !

— O Pandore !

Et ces tendres exclamations suspendues par des mimiques fougueuses, et reprises à chaque pause avec plus de langueur que jamais, se reproduisirent à l'infini. Les oiseaux, pépiant, saluaient l'aube matinale qu'elle et lui, brisés, exténués, ensommeillés dans les bras l'un de l'autre, s'éveillèrent en sursaut, entendant sonner sur les dalles de pierre, au rez-de-chaussée, un cliquetis de sabres et de bottes éperonnées.

— Seigneur, ayez pitié de moi ; c'est lui, c'est Michel !

Elle n'eut que le temps d'ouvrir la fenêtre, de pousser son galant contre les balustres et de s'étendre elle-même dans le lit conjugal ; la porte forcée grinça sur ses gonds et, sur le seuil que baignaient les rayons mouvants de la lampe, surgit, le bancal au poing et le front embrasé, Bataillard !

— Du haut du mamelon d'en face, l'œil plonge et se promène avec aisance et facilité dans cette chambre en laquelle il y avait tout à l'heure deux ombres ; ousqu'est l'autre, madame ?

— Hein ! l'autre, quoi ?
— L'individu !
— Plaît-il ?
— Le concubin !!!

— Es-tu fou, murmura-t-elle ingénument ; après ton départ, je me suis verrouillée, couchée, endormie tout habillée, et me voilà...

— Nous ne sommes pas de ces loriots ni de ces serins à qui l'on conte des couleurs. Il y avait ici quelqu'un avec toi, coquine ; en voici la preuve... surabondante, ostensiblement.

Elle ne put retenir un cri de colère et de douleur à l'aspect d'un médaillon d'argent en forme de cœur que son Othello lui fourra sous le nez, et le traître à moitié gelé sur le balcon frémit en constatant que ce joyau qu'il tenait d'Amanda, son ancienne, et qu'après l'avoir balancée, il avait nonobstant continué de porter au cou, s'en était détaché pendant le terrible et doux assaut.

— Ah! le méchant! de sa part, je ne l'aurais jamais cru!

— De qui, gredine, à ma barbe, osez-vous parler ainsi?

— Mais de toi, de toi, mon petit homme endiablé.

— Des cajoleries à présent! tu es riche d'aplomb!... à genoux et prie Dieu, misérable adultère.

— Adultère, moi, par exemple! pleurnicha-t-elle en recouvrant tout son sang-froid, une telle insulte, oh! sur les cendres de notre joli mort-né, ça ne se passera pas comme ça!

— Non, certes! non; il aura ma vie ou j'aurai la sienne avec la tienne. Ousqu'il

est, ce renard? où se cache-t-il, le capon?
Avoir trafiqué de la sorte... sous mon toit!
Oui, malheureuse, oui, pendant qu'à trois
lieues d'ici, je guettais à la fraîche, avec
M. le commissaire, un vilain merle qui
s'infiltre chaque soir dans le domicile
d'une sale poule, et qu'entre parenthèse,
au désespoir du mâle légal, nous avons
manqué d'une minute à peine, vous, vous
la compagne d'un soldat de la morale,
éloigné de son nid pour l'exercice de ses
devoirs publics, vous, grivoise, vous, lu-
ronne, vous cascadiez en cette pièce, en
présence de ma photographie, et vous vous
livriez, abritée du vent et bien chaude autour de ce poêle, à des jeux véritablement
répréhensibles et que, sans barguigner, je
qualifierai d'abominables... superlative-
ment. Oh! je le tuerai, ton complice et je
le mangerai. Quel est-il? Il faut que tu le
nommes, cet arlequin, et tu le nommeras,
saisis-tu?

— Pandore,... au secours!

Empoignée à bras le corps et brutalisée par des mains barbares, elle sanglotait de façon à inspirer des remords au forcené, quand, derrière les carreaux de la porte-fenêtre, se dessina la silhouette de l'amoureux. Il n'avait pas perdu le Nord, ce matois, et, certes, trop obtus était le minotaurisé pour comprendre la raison pour laquelle ce ravisseur arrivait en caleçon chaussé de sabots de palefrenier et son tournevis posé tout de travers sur son crâne montueux et sinueux comme celui des baudets.

— Eh ben, qu'est-ce? interrogea-t-il d'une bouche pâteuse et les paupières mi-closes à l'instar d'un flémart trop brusquement éveillé; sommes-nous menacés illico d'une inondation ou la caserne est-elle en feu?

— Moi, ton commandant, je t'avais préposé à la garde du local et de mon honneur idem; comment t'es-tu acquitté de la commission?

— A merveille; intacts tous les deux, intacts !

— En jurerais-tu ?

— Je le jure.

— En lèverais-tu la main ?

— Non pas seulement une, mais les deux à la fois ou simultanément, et les pieds aussi !

— Personne, en mon absence, ici n'est venu ?

— Ni chien, ni chat.

— Alors, sur ton salut ! tu n'as rien vu de suspect ?

— Oh ! non.

— Ni rien entendu ?

— Rien !

— Nous présupposons que tu nous bernes ou que tu n'es pas capable de nous remplacer, et je requerrai qu'on te réforme comme impropre au service...

— Impropre ?

— Autant qu'un aveugle et ni plus ni moins qu'un sourd !

— On a des yeux d'aigle et des oreilles de rat.

— En ce cas là, pourquoi n'as-tu perçu ni même distingué...

— Qui ça?

— L'intrus.

— Il ne s'est introduit personne, ici ni chez la brigadière.

— Et ceci!... conscrit; tu t'imagines peut-être que ça voyage tout seul ou que ça germe... intrinséquement entre les planches du parquet et sur les lambris de nos logements : on ne débagoule pas de pareilles blagues à des vétérans de mon acabit, tonnerre d'enfer!

Et, furibond, il exhibait le bijou accusateur.

— Oh! ça, certifia l'astucieux avec piété, je l'aurai sans doute égaré tantôt ici quand j'y suis entré, brigadier, à votre appel; oui, ça, mon chef et ma cheffe! c'est la croix de feu ma mère, vierge et martyre que je pleure et pleurerai, bien que je ne l'aie jamais connue, durant toute l'éternité !

Victoire eut un soupir de soulagement en regardant dans le blanc des yeux ce flambart qu'elle avait cru vraiment infidèle, et l'autre, le butor, repentant et convaincu, s'agenouilla très humblement devant sa victime en reconnaissant ses propres torts, et quand celle-ci l'eut généreusement pardonné :

— Zut !... toi, va-t'en, et sans muser, autrement gare ! ordonna-t-il avec une risette un peu forcée à son suppléant, et désormais efforce-toi de ne pas perdre tes écrins ! étourdi !...

Pandore sortit triomphant et narquois, mais dix minutes après, en arpentant à pas de loup le balcon où la neige tombait plus dure, il ouït un refrain à deux voix, le même, hélas ! le même qu'il avait tant fredonné, naguère, en l'absence du mari, lui, l'amant, et ce fut à son tour de rire jaune.

— O les gueuses, ô les paillardes, s'exclama-t-il en essayant d'être philosophe ; avec elles, quand il y en a pour un, il y en a pour tous ! Si bien que je *le suis* aussi, moi personnellement, tout autant que lui, sinon plus...

Et, tandis que le couple réconcilié sacrifiait gaiement au Dieu malin, le don Juan de caserne, un peu déconfit, toisa le ciel et siffla rageusement cet air bien connu :

Dans la gendarmerie
Quand un gendarme rit,
Tous les gendarmes rient
Dans la gendarmerie !...

Novembre 1882.

Sur l'Eau

— 1876 —

Sur l'Eau

Quand les débardeurs eurent fini leur journée, ils entrèrent tous, hormis un, dans une cambuse sise au delà du chemin de halage, presque entièrement submergé. Celui d'entre eux qui ne les avait pas suivis, ayant jeté sa manne d'osier sur la berge, y demeura pendant quelques instants, irrésolu, crispé, puis s'élança d'un bond sur l'étroite et longue planche vacillante reliant au quai la vaste *belande* à demi délivrée de sa cargaison et qui se balançait lourdement sur les eaux bouillonnantes de la Seine, on ne peut plus grosse, ce soir-là. Dès qu'il eut traversé ce ponceau si fragile, il se pencha vers le tillac, et, au lieu de descendre à l'échelle appliquée intérieurement contre une des bordailles de la péniche dont le ventre à moitié vide béait comme un fond de cave, il côtoya le plat-bord, sauta sur le zinc de la cabine où couchait le patron du *Hennuyer*, alors absent, et dégringola, parmi des vergues et des chaînes, jusqu'à la barre de l'aviron. Là, trois fois de suite, en cognant du talon, il appela de toutes ses forces :

— Henrionne !

Assez maladive et, quoique un peu grêlée, très appétissante avec sa taille de guêpe et sa chevelure blond paille qui, dénouée, lui ruisselait de la nuque aux hanches, une ménagère, en train d'éplucher des carottes, sortit nonchalante de ce réduit obscur, et ses prunelles de pervenche, offusquées par la pâle lumière diffuse d'un soleil d'hiver à son déclin, ayant rencontré celles de l'intrus, interrogèrent très vite et non sans quelque anxiété les rives, à ce moment-là désertes, du Bas-Meudon à Saint-Cloud, et même fort au-delà.

— Zucco, que veux-tu ?
— Tu le sais bien.
— Non pas.
— Si fait !

Elle frémit et recula sous les regards embrasés jaillissant de la noire et maigre figure du coltineur. Il était là, tout suant, la tête et le torse poudrés de houille, et se rongeait la moustache, en tracassant son chapeau de cuir fauve, bombé comme un casque, par-devant sans visière, mais en ayant par derrière une qui lui couvrait celle des épaules à laquelle, aux heures de travail, il appuyait l'extrémité de sa hotte à charbon...

— Non, non, répéta-t-elle en lâchant son couteau de cuisine ; oh ! non, certes, pas du tout.

Il croisa ses bras sur son buste anguleux; ses lèvres, aussi rouges que des mûres sauvages, s'empourprèrent encore, et ses yeux, dont le globe éclatait tout blanc en leurs orbites fumeux, y roulèrent, pareils à des boules de loto, comme ceux des nègres.

— Si toi, tu l'as oublié, je m'en souviens, moi !

— Va-t'en ! va-t'en !

— Oui, dès que tu m'auras tenu parole, pas avant.

— Il sera bientôt là !...

— Lui ! Ne l'attends qu'après minuit ; il est parti pour Paris à trois heures, en charrette, et les bourriquots ne s'emballent jamais; en supposant qu'en y arrivant, il y ait trouvé tout de suite des amarres et des ancres assez solides pour maintenir sa gabarre que le diable emportera quelque jour, et je le souhaite, il ne peut être ici que fort tard; on connaît la route.

— Ah ! j'ai peur !

— Il y a de quoi, grommela-t-il en embrassant d'un geste le fleuve démonté qui crachait ses écumes dans les vergers riverains.

— Oh ! pas de ça.

— De moi, peut-être ?

— Oui, de toi seul.

— Il n'en était pas de même jadis, sur les digues, là-bas, et c'est toi qui m'effarouchais.

— Alors, nous étions libres tous deux, et je ne l'aimais point.

— Tu l'aimes !... ah ! tu l'aimes donc aujourd'hui ?

— De tout mon cœur !

Il rugit de colère et de douleur en allongeant ses griffes ; elle se déroba non sans peine à l'étreinte, et comprenant bien qu'il était décidé à tout, elle l'implora, tremblante, à genoux.

— Hier m'épargnas-tu ? M'épargneras-tu demain, toi ?

— Grâce ! pitié !...

Trois ans auparavant, elle avait connu sur les bords de l'Ourcq, elle, Flamande, ce Romagnol, dépaysé comme elle, et, combien grand était son repentir ! elle avait coqueté pour lui plaire et n'avait que trop réussi. Sur le point de lui céder, elle s'était aperçue que son vieux mari, gabier en retraite, qui l'avait emmenée du Hainaut en France, elle, orpheline de ses père et mère, dévorés par le grisou dans une des mines de Mariemont, et puis épousée, après l'avoir recueillie, l'avait enfin fécondée et que bientôt un fils leur naîtrait. Aussitôt l'amour maternel abolit en elle l'autre amour, et si l'enfant qu'elle eut ne vécut pas, elle en choya le père, qui pouvait un jour la rendre mère encore. Ah ! pourquoi n'étaient-ils pas restés tous les deux en Belgique, en ce doux bassin wallon où le marinier parisien, après avoir séjourné quinze ou seize mois, avait eu l'intention de s'établir en qualité de calfat. Elle n'eût pas songé là-bas à cet amant dédaigné, mais tenace, que, par hasard, elle avait rencontré de nouveau, naguère, à Saint-Denis en l'Ile, ensuite à Billancourt, et dont les poursuites exaspérées l'effrayaient autant à présent qu'elles l'avaient ravie autrefois.

— Si tu résistes, je te casse, et si tu cries, je te bâillonne, exhala-t-il les lèvres serrées en la saisissant à bras le corps, il faut que je meure ou que je t'aie ici-même aujourd'hui!

— Lâche!

Il la renversa sous lui, pantelante, éperdue.

— Ynguerran! à l'aide; à moi, vite, Ynguerran!...

Nulle voix humaine ne répondit à cet urgent appel de détresse jailli de sa gorge que serraient des mains scélérates, et bientôt, presque étranglée, elle chut sur un lit de chaume, à côté d'un caniche hurlant comme un loup et d'un chat soufflant tout hérissé. Soudain, gémissante et déjà même quasi-possédée, elle fut assourdie par un craquement terrible, et il lui sembla que le bateau fuyait sous elle avec la vitesse des ballons secoués par les vents. Et c'était vrai, cela ! Quelqu'un, qui de très loin l'avait entendue, arrivait tout haletant au débarcadère au moment juste où les câbles énormes qui retenaient le chaland, tendus par l'effort de la tempête et rigides comme des barres de fer, se rompirent tous ensemble ainsi que de simples ficelles.

— Et maintenant, ricana le forcené en se relevant, lassé, mais non pas assouvi, quand tu me voudras, tu n'auras qu'à me faire signe ; au revoir !

Il s'était arraché d'elle évanouie et s'évadait triomphant. Tout à coup, au dehors, il s'arrêta, et blême à tel point, sous la suie qui lui masquait le visage, que celui-ci s'enleva dans la nuit tombante, comme sur les môles des ports, éclairée par les flammes élémentaires, tolle effigie du Crucifié; puis s'abattant, épouvanté, claquant des dents contre le timon :

— *Ohimé*, balbutia-t-il, livide, en sa langue natale, *ahi !*

Sous un ciel d'encre léché par des langues de flamme, la rivière, naguère étale quoique débordée, moutonnait à présent comme une mer en tempête et ses eaux huileuses et jaunâtres, fouettées par les éclats de la foudre et les zigzags des éclairs, déferlaient et mugissaient, à travers les haies et les palissades des terrains limitrophes, jusqu'au fond des bâtisses d'alentour, où retentissaient des clameurs aiguës, tantôt ici, tantôt là. Venu par la Sambre de Charleroi à Jemont, de Jemont à Landrecy, de Landrecy à la Fère par le canal de jonction, de la Fère à Compiègne par celui du Gouvernement, et par la Seine de Compiègne à Conflans, et de Conflans au Point-du-Jour, où il avait fait escale, enfin d'Auteuil au Bas-Meudon, le houilleur, qui, la veille encore, voguait si calme entre tant de voiliers et de vapeurs, de toueurs et de radeaux, aujourd'hui, roulait, tournoyait, voltigeait comme une coque de noix parmi des débris de toutes sortes enlevés par les flots en furie aux docks de la capitale ainsi qu'aux clos de la banlieue, et charriés vers la mer. Une poutre, des arbres déracinés, quelques futailles parfois le heurtaient comme des catapultes, et parfois aussi des fronts de bêtes à cornes et des sabots de bêtes chevalines horriblement gonflées se dressaient devant lui comme pour lui barrer le passage. Entraîné d'abord par l'ouragan au milieu des bouleaux et des saules de l'île Seguin, dont les cimes émergeaient de l'onde, il en avait foulé les branchages, fracassé les troncs, sous sa carène, labouré de sa quille des toits de maisons englouties; ensuite, toujours poussé par la trombe, il s'était engouffré sous le pont de Sèvres, inondé jusqu'au cintre, et, filant, tel qu'une flèche, en un boyau presque inaccessible et si resserré qu'il en frôla la voûte de l'arche médiane, avait franchi celle-ci miraculeusement, à l'instant même où dans son sillage entrait un bachot navigué par un batelier dont la gaffe s'était brisée comme une allumette en frappant la pierre moussue d'une culée; ainsi cet intrépide avait évité le choc, et son esquif dépassé sans encombre le périlleux chenal.

— Ohé, là-bas, ohé !...

L'orage redoubla. Mille éclairs et la foudre illuminaient l'immense torrent flanqué de lacs plus vastes encore, où se reverbérait à l'envers toute la campagne ambiante ensevelie sous un déluge de feux et d'eaux dispersés aux souffles de l'air. Et, limoneuses, des vagues enflammées, semblables à des coulées de lave, escaladaient, éblouissantes, les murailles de la barque, au gouvernail de laquelle, vingt fois, cent fois au moins en une seule minute, l'Italien avait fermé les yeux, se croyant perdu.

— Femme, femme!

Était-il le jouet de son imagination en délire ou bien avait-il réellement ouï la voix rauque et déchirante du chef d'équipage ? Il se questionnait ainsi, quand une yole vide frisa l'un des flancs de la nef et que sur la proue de celle-ci même, ô prodige d'audace et d'adresse ! un colosse en vareuse, à l'aide de cordages cramponnés en passant, grimpa, surgit tel qu'un orang à la force des poignets en réclamant à grands cris :

— Henrionne !

Enfin ranimée, elle rampa vers un petit hublot et riposta, du fond de la cale, en poupe :

— Oui, mon homme, on t'entend, et me voici !

Le vieil Ynguerran, échevelé par la rafale et presque aveuglé, n'avait pas encore aperçu l'infâme larron, qu'une sorte de spectre sortit de la cabine et, le désignant, râla :

— Tiens, le reconnais-tu ? C'est lui ! Tue-le ! Il m'a forcée !

Instinctivement, au geste de l'accusatrice, l'époux se retourna. Sa face à la fois énergique et paterne, qu'encadrait un large collier de barbe grise, s'était toute contractée. Avec des allures de juge et de justicier, il s'approcha lentement du misérable, qui sentit deux mains grosses, veineuses et ridées, enduites de cambouis, se nouer autour de son cou. Paralysé par la terreur, Zucco, blafard, ne luttait pas. Son crime expié, il s'aplatit tel qu'une flaque de boue aux pieds de sa victime, qui, du bout des orteils, le chassa dans le gouffre ; ensuite elle embrassa son vengeur, et lui, debout, noyé dans les embruns, auréolé par les carreaux fumants du tonnerre auquel il reprochait peut-être de ne l'avoir pas encore foudroyé ! rendit à sa loyale compagne tous les baisers qu'il en avait reçus, et la pressant contre sa poitrine, viril, impassible comme jadis sur les antennes, à bords des vaisseaux de guerre où, mousse et matelot, il avait servi, regardant sans broncher la mort, la mort imminente, car le *Hennuyer* volait droit aux piles des arcades de Saint-Cloud, distantes d'une encablure à peine, il attendit...

— Adieu, belle, adieu !...

Lancée comme un boulet de canon, la péniche s'étant écrasée avec une explosion de poudrière contre le tablier du pont qui l'avait déjà rasée d'un bout à l'autre, sombra ; mais, parmi ses vestiges, bois, fers et toiles, au milieu des remous, un nageur apparut. Tandis que d'une main il soutenait le corps inerte d'une blonde dont le crâne fendu saignait et qui semblait avoir une rose écarlate piquée à son chignon, il empoigna les ridelles d'une charette de limon qui flottait ainsi qu'une bouée en un monstrueux tourbillon, où sinistrement beuglaient des bœufs, hennissaient des chevaux, grognaient des porcs, bêlaient des brebis et des chèvres, s'abîmant presque asphyxiés. Au loin, entre Suresnes et Courbevoie, ils abordèrent tous les deux à la grève. Il reconnut tout de suite qu'elle avait cessé de vivre. Alors, il se cravata, comme d'une corde, des cheveux couleur de cendre de sa svelte bien-aimée, et du talus presque à pic sur lequel il s'était juché si péniblement, il redescendit muet et grave dans la Seine, qui les recouvrit en un clin d'œil, lui et son fardeau !

Décembre 1882.

Ingénus de Boulevard

— 1880 —

Ingénus de Boulevard

Si poëte que l'on soit, et quelque distrait que l'on puisse être, quand on ne poursuit que des nuages et qu'on a l'âme logée dans une enveloppe presque incorporelle à l'instar de tous ceux qui cultivent la rime plutôt que la raison, on a parfois les oreilles très fines et l'on entend, bon gré malgré, ce qui se dit autour de soi; tel, Anacharsis Superflu, lequel, reporter par force, il faut bien de temps en temps manger et boire un peu, n'est-ce pas? et versificateur par plaisir, y a-t-il quelque chose de plus doux que de chatouiller les muses sitôt qu'on n'a plus soif ni faim? ouït et nota naguère au boulevard Montmartre, sur la terrasse d'un café que fréquente assidûment un monde sans préjugés aucuns, les propos ci-dessous, échangés entre deux jeunes cygnes d'on ne sait où, plus candides que des oies, et dans une langue que divers modernistes préfèrent à celle du divin Platon ; car tous les goûts sont dans la nature, y compris ceux du sanglier domestique

— Y voit-on clair ou non, ici ; toi, Jaspineau?
— Mais!..
— Alors, sous la calotte céleste, il y a du nouveau ?
— Dame, oui.
— Comment ?
— On s'émancipe...
— *Au Grand-Schnick*, un astèque, oh! pardon, un ascète tel que toi, ça m'épate, vrai !

— J'éprouvais le besoin de te la serrer un brin, et de gobeloter avec toi, mon bon Potin.

— Ha! c'est gentil, le torse m'en gonfle de bonheur et j'en ai du miel au bec; assieds toi donc.

— C'est fait.

— Et notre copain Nigodet, où perche-t-il, l'as-tu revu?

— Quel idiot! imagine-toi qu'il en pince pour Héléna.

— La Rousse?

— Oui, oui, celle qui fusille les mouches au vol.

— Un béguin pareil!... Il est toqué, ce moineau-là.

— Mon petit, que veux-tu! chacun de nous déraille à son tour, et le mien, j'en ai peur, est venu.

— Tu blagues?

— Zut! Tu sauras ça plus tard de fil en aiguille; et ton *ours?*

— Silence!... il se gratte. et je le lèche.

— Il ne se montrera donc jamais sur les places et dans les rues ?

— Si.

— Quand ?

— En mai.

— Veinard !... et quel en sera le cornac ? Charpentier ?

— Rien du tout, il me scie le dos, ce *Nabab*, enfoncé dans sa *Joie de vivre* avec *Pot-Bouille* et *Nana*.

— Dentu ?

— Pour qu'il m'entorre ! on se souvient des *Diaboliques* de l'Archange en spencer de Valognes; ah ! non, merci !

— Lévy ?

— Plus de *Michel*, hélas ! et trop de *Calmann* à la clé.

— Saint-Paul Ollendorff ?

— Il est trop *Ohnet* pour moi, qui ne suis pas *maître de forges*.

— Eh ! qui donc, qui ! Serait-ce par hasard l'*Homme qui bêche* ?

— Hé, *qu'es aco* ?

— Ce Normand qui porte trois fois son nom et ne l'a pas volé...

— Des démêloirs, s. v. p.

— ...Preuve : c'est qu'il est en même temps : 1° Lemerre de Canisy (Manche); 2° le maire de Ville-d'Avray; puis, enfin, 3° le *mère* des enfants du Parnasse tombés dans les bas-fonds du passage Choiseul. Oh! j'y suis, et j'ai touché juste, c'est lui qui t'édite?

— As-tu fini!... Ce gros elzévir se mêle de lire les manuscrits avant de les publier, et, les miens, son *Petit Marquis* s'en ferait craquer le ballon.

— Nom d'une pipe! Alors, où parais-tu?

— Chez la dame Pomadam.

— En enfer?

— Au ciel, mon vieux fiston, en paradis; elle va bien, sa Revue! huit sous la ligne pleine ou non; or, comme mon étude regorge de dialogues, elle me rapportera beaucoup de cuivre.

— Et peut-être quelque conquête avec ; as-tu ton titre ?

— Heu ?

— Celui que Machin, Chose... hé ! comment donc ?... Chamowski ! t'avait trouvé ne manquait à mon avis ni de sel, ni de poivre, ni d'ail.

— Un peu trop juteux.

—Hé ! songes-y bien ; aujourd'hui l'on aime beaucoup ça ! Les *Sans-Culottes*, ça caresse.

— Oui, mais on croirait que je parle des Jacobins, et l'on n'en veut plus ; un four certain.

—Ah ! diable, je n'y pensais pas... Saturnin Godole avait raison d'écrire l'autre semaine dans sa *Tinette*. « En ce monde : il faut que chacun y aille. » Eh ! vas-y, parbleu ! Sous les aisselles, *Arômes et Parfums*, en voilà du galbe ! un grand succès avec ça, soixante éditions au moins; crois en l'auteur lyrique d'Asticots et Cancrelats.

— Si je mettais l'*Écu de France*... elle

me trotte dans le plafond l'étiquette de cette chanson caduque.

— Une idée, oui ; très crâne, cela, sinon neuf, et fort digne d'un gaillard de ton acabit ; tu peux compter sur une réclame-monstre de ma part et je citerai toute *La Communion du Vidangeur* ; on te comparera, tu sais, à Raphaël.

— Allons donc ! celui qui croquait des Vierges et des Jésus... Oh ! tâche de ne pas me la faire, celle-là.

— Choisis un patron quelconque à ton gré.

— Delacroix, par exemple, ne me répugnerait pas...

— Et Rubens non plus ? Entendu, compris, sufficit !

— ... avec un peu de sculpture et d'architecture autour.

— On t'a saisi ; Puget ?

— Tu me canules, à la fin ; il y a mieux et moins poncif que ça dans la sainte baraque de l'Art.

— Ambitieux !... une tranche de Buonarotti ?

— Michel-Ange, oui, ça me botte et je m'y tiens.

— Eh bien, tope-là !

— Ça y est... Et maintenant arrosons-nous le tube et la vasque ; une verte ? mon vieux.

— Hélas ! depuis que l'on se déplume et qu'on graillonne, on ne s'en colle plus sur l'estomac.

— Un bitter ? un vermouth ? un amer Picon ?

— Oui, piquons ; ohé ! là-bas, garçon, eh ! le *Gil Blas* ?

— Ah ! lascar, tu y coupes donc, dans la Mendésienne, la Sylvestrine et la Richepinade, toi ?

— Jean, un aristo, ce *gueux* ; et quelle *Glu !* l'autre, Armand, un lis greffé sur des haricots ; Éole et Crépitus mêlés, ce suave artilleur :

Aquilon par le dos et zéphyr par le bec.

Quant à Catulle II, ce *Monstre Parisien*, lui...

— Très rupin et chocnosoff! il rime comme un ange... déchu ; seulement, trop fort... de nénuphar et de café.

— C'est un coq...

— ... quard !

— Allons donc, il a toujours la crête en l'air et la queue idem à ce qu'assurent les grues de ces parages... et, la tienne, à propos? On ne la rencontre plus au *Rat Mort*. Est-elle toujours sonore, et loupeuse aussi?

— Mets des gants en peau de daim ou je t'appelle Arthur en te passant la main dans les cheveux.

— Oserais-tu, Germiny, me donner des noms d'oiseau!... Sérieusement, très bonne fille, Titine, et si tu la lâches, je l'empoigne...

— Eh! ta Nini lui créperait le chignon.

— Ha! malheur! On me l'a soufflée, mon amante.

— Allons donc!

— Enlevée par un Rastaquouère, mon cher, et je suis bien loti : me voilà veuf et bœuf!

— Franchement, tu m'affliges et j'y vais d'un pleur.

— Y en a qui n'ont jamais eu de chance!... Elle se balade à Saint-Pétersbourg, gare la bombe! et cascade peut-être avec des Nihilistes sur la glace, oh! va, je la repêcherai!

— Quand?

— Dès que j'aurai de la braise et j'en aurai.

— La semaine des trois jeudis, l'an 3000 de Jésus-Christ!

— A la chute des feuilles et peut-être plus tôt; Toto Pancrace, mon vieil oncle, a la... coqueluche.

— Encore! il l'a donc toujours; à quatre-vingts ans sonnés, est-ce permis? Oh! ce petit cochon!

— Apaise-toi, c'est sa dernière, et je le guigne.

— Oui, mais sa graine ?

— Absente ; un mulet ! tout ce qu'il y a de plus mulet... Il n'a jamais eu que... moi, par mon père.

— Espèce de chançard !

— Dix mille francs de rente ; avec ça, je lui servirai la première classe et même un mausolée.

— Où ça ?

— Près de Nîmes.

— Il y a belle lurette que je grille de voir le Midi ; je t'y suivrai : les languedociennes et les provençales, tes payses, ont-elles du vice ?

— Elles digèrent tout ce qu'elles mâchent, sucent, ou pompent ; ici, mon gros, on ne t'en dit que ça.

— Des pieuvres, alors !... A propos de mollusques, Hugo, sais-tu, rafistole son *Torquemada*.

— Ce vieux raseur...

— Respect à la colonne et salut à l'Himalaya !

— Du flan! et des navets, on t'en servira pour ce birbe!

— Un peu de pudeur, Ostrogoth! Vandale! Pandour!

— Hein? ah ben, oui, du respect!... toi, je ne te l'envoie pas dire par d'autres, tu as gardé dans tes culottes un sacré fond de romantisme.

— Et ta sœur?

— Heureuse!

— Et son Othello?

— Mor... t!...

— Infect, infect, ton cal en bourre de soie!... Eh! n'est-ce pas Mince de Chic en train de se poser là-bas sur le refuge; ah! quelle trombine! en voilà, par exemple, un qui en porte?

— Oh! qui n'est pas un peu boisé, maintenant!... Tiens, tiens, tiens, il est filé par la tigresse qui le coiffe, Andrelina, celle qui vous dit toujours à bout portant, quand on la cajole un peu : Sucré! ou bien... Cambronne!

— Elle n'emploie donc jamais le mot propre, cette gadoue?

— Une originale; et puis, elle aurait trop peur, en l'imitant, d'em... bêter l'Enflammé.

— Qui donc?

— X... Il n'y a qu'un sublime au monde et c'est lui !

— Chut!... ou si tu le débines, je t'éreinte à fond, demain, mon chéri, dans la *Mélasse* et le *Bidet*... Eh, mais, holà ! qu'entrepercevois-je à l'horizon, au milieu des brunes entre ces deux becs de gaz qu'on allume.

— Où donc?

— A ta gauche, sur le bitume, vers l'Opéra.

— Je suis, hélas ! depuis ma naissance, presbyte d'un œil, myope de l'autre, et faible des deux.

— Ouvre le troisième, et tu verras deux vaches, mon bœuf... Agathe la Bretonne et Samiette la Normande qui s'avancent côte à côte en trébuchant ; l'une gueule et l'autre dé... chante.

— As-tu fini de gazer ! un oseur, toi, Potin ? oh ! non pas ! et tu me fais chi... quer.

— Eh ! mais, entre nous, le cœur sur la main, il me semble que tu flanches aussi, toi, Jaspineau !

— Que veux-tu, mon cher, il n'y a pas moyen après dîner de cracher ça, sans tourner autour du pot.

— O bégueule !... Eh ! bien ! alors, mignard ne te vante pas si fort d'être naturaliste ; avant dix ans si tout roule ainsi, Lamartine, ce sucre candi, nous paraîtra trop amer, et Florian, archi-salé... Vois-tu, seul, Henry Monnier osa tout dire, et je lui vote une statue... en terre de Sienne, il n'y a que lui qui la mérite !... On ne le vit jamais reculer celui-là. Quand il a besoin de se déboutonner, il... depose le long des murs, sans se gêner, à la barbe du sexe, et, ma foi ! pas un de nous, selon moi, n'est digne de lui lécher le... système à ce gaillard-là ; c'est un zig !

— Zag !

Impossible de déchiffrer les dernières notes au crayon de ce poète-reporter, tant la feuille de son carnet est tachée d'encre ; on n'y distingue à travers mille maculatures que les hémistiches tronqués de quatre alexandrins :

Orgueil de la natu... ô....... Francesca,
Pure et si bel................. louange,
J'aimais tes c...... d'oiseau, ... ches ailes d'ange.
Mais Z.l. te peignit, hélas ! f...s. nt.. ca !

Mars 1881.

Duel

— 1830 —

Duel

Le soleil caniculaire avait tari les sources, les étangs, les rus, absolument desséché toutes les plaines limoneuses de la Gimone, et la chaleur, régnant encore là, 40 degrés centigrades à l'ombre, opprimait hameaux, bourgs et villes, entre autres Sardinoc, chef-lieu de sous-préfecture assez bavard et fort remuant d'ordinaire, oui, mais alors engourdi de l'aube à la brune, et muet le jour comme la nuit. Tout à coup, un soir, au crépuscule, après le passage des clairons et des tambours sonnant la retraite au long des rues désertes, on s'éveille sous chaque toit, on s'interroge de maison à maison, on s'y meut de haut en bas, et les plus accablés des citadins retrouvent à la fois leur turbulence et leur faconde habituelles. « Eh quoi! répétait-on de toutes parts, ils s'alignent? » « Oui. » « Cela soulèvera les bêtes, les gens et les pierres! » On s'informa. La nouvelle était très exacte : ils devaient se battre le lendemain. Où? Tout le monde l'ignorait encore, y compris la gendarmerie, qui, toujours assez mal renseignée et fort indolente, d'ailleurs, n'eut vent qu'après son dénouement de cette histoire à laquelle tout d'abord personne n'avait cru...

Rien, en effet, de plus invraisemblable que cela! Cousins germains, les deux personnages en question avaient vagi dans le même berceau, bredouillé du latin et du grec au même lycée, été reçus bacheliers par le même aréopage; et comme ils se disposaient à partir ensemble pour Paris, sous prétexte d'y faire leur droit, l'un d'eux s'alita pour ne plus se relever qu'ingambe. Horriblement tordu par la fièvre typhoïde, il avait entièrement perdu l'usage de ses membres inférieurs, et les médecins, à bout de prescriptions, déclarèrent qu'il resterait très longtemps, sinon toujours paralysé. L'autre, plutôt que de se séparer de son ami d'enfance et camarade de collège, renonça généreusement à se produire au quartier Latin et défit ses malles déjà prêtes. Ils avaient alors vingt ans à peine, et la vie, qu'on voit en rose à cet âge ou bien en bleu, s'écoula pour eux terne et grise dans la plate province, où les plus vivaces facultés s'oblitèrent et s'abolissent, faute d'émulation et d'activité. Riches, leurs familles possédaient aux environs de la bourgade de très beaux domaines, où, dès lors, ces désœuvrés résidèrent avec elles le printemps et l'été. Vers la fin de l'automne, à la mi-novembre, ils rentraient en ville, y tuaient tant bien que mal le triste hiver en la société d'anciens condisciples, oisifs et fortunés la plupart. Un de leurs proches, banquier, veuf et sans progéniture, testa pour eux et décéda. L'idée leur étant venue de succéder au défunt, ils s'étaient associés et de leur mieux avaient essayé de tromper par le travail l'ennui d'une existence monotone et sédentaire. A dater de cette époque, leur intimité, jusque-là si étroite, se resserra pourtant. Ils s'étaient fait construire au bord du fleuve qui traverse la cité un hôtel vraiment royal adossé contre un parc ombreux où bientôt plus d'une grisette se glissa la nuit par quelque porte dérobée. Un millionnaire, même invalide, a des passions et cherche à les satisfaire. Or, Georges de Vald'-Herbes s'en donnait à cœur joie tout le long de l'année avec des créatures faciles que, grâce à ses libéralités, on lui procurait à l'envi de Toulouse, de Bordeaux, voire de la capitale, au déplaisir de Julien de Mont-Eaux, qui, lui, fort robuste, préférait aux femmes la table et le jeu. Ponte effréné, chaque soir, après son repas, celui-ci se rendait au cercle du Sport, où la jeunesse dorée de l'endroit tâchait de se distraire en battant les cartes de la brune à l'aurore et ne parvenait qu'à s'abrutir en se ruinant. A la fin, un peu blasé sur les charmes banals des Girondines, des Toulousaines et des Parisiennes, le cul-de-jatte se laissa entraîner dans ce salon et même y devint, ainsi que son intime, un des plus acharnés parieurs. Impériale, piquet, bésigue, pharaon, baccarat, trente et quarante ou bassette, ils restaient bons là devant le tapis vert et ne se retiraient le plus souvent qu'après avoir tout raflé. Le lendemain ils recommençaient, et ce manège dura jusqu'à leur subite et violente rupture.

Ils avaient dîné ce jour-là chez le colonel de Xaüffe, vieillard très mondain, et qui continuait, en dépit de ses cheveux blancs et de ses rhumatismes, à mener la vie de garçon. On remarqua que Georges, en arrivant au club, avait la parole cassante et les regards agressifs, lui d'ordinaire si doux et si poli ; Julien, au contraire, quoique d'une nature non seulement peu expansive, mais encore fort morose, riait, badinait et semblait être aux anges. Une interminable partie de whist s'engagea. Les deux « cousus », on avait accoutumé de les désigner ainsi, ne se levèrent qu'après avoir gagné une somme assez ronde, mille louis environ. On comptait déjà le papier et l'or à ces heureux partners, quand celui qui tout le soir avait boudé, s'écria : « Pas de partage, tout ou rien ; à l'écarté, trois parties en cinq sec, veux-tu ? » « Ça me va. » La chance ne favorisa pas d'abord l'auteur de la proposition, et son vis-à-vis, qui faisait la vole ou tournait le roi presque à chaque coup, plaisantait de plus belle en répétant à tout instant : « Eh ! voilà ce que c'est que d'avoir rencontré Bosco l'autre semaine à Marmande d'Agen ; il me donna quelques leçons et j'en profite. » « Un peu trop !... Pour faire sauter la coupe, à toi le pompon ! » « N'est-ce-pas ? » « Oui, certes, et dès aujourd'hui, je te considère comme un Grec. » « Encore novice ? » « Accompli ; parole d'honneur ! » « Oh ! ce mot-là n'est guère de mise. » « Il t'a blessé ? » « Non, puisqu'il vient de toi, qui d'ailleurs le regrettes ? » « Erreur ! et la preuve en est que je le confirme. » « Ah ! c'est dépasser les bornes de la plaisanterie ! » « Oui, d'accord ; et le pis est que je ne raille point. » « Tu me rendras raison ! » « A vos ordres, monsieur ! » Et l'arrogant, au lieu de serrer la main loyale vers lui tendue, se croisa les bras d'un air de défi : « Georges ! » Et Julien se redressa menaçant. « Tout beau ! ne vous emportez pas, s'il vous plaît ; un pugilat ? oh ! fi donc ! entre vilains, oui ; seulement on n'en distingue qu'un seul ici. » « Moi ? »

« Qui se sent morveux se mouche, et vous vous êtes vivement exécuté. » « Malheureux ! » Et les doigts crispés de Mont-Eaux effleurèrent l'une des joues de Vald'herbes, dont la face blafarde aussitôt s'empourpra. « Pardon ! cher, reprit-il en persiflant, on ne vous savait pas si brutal, en vérité ! seriez-vous lâche aussi ? » « Des excuses !... ou je te brise comme cela ! » Lancé jusqu'au plafond, un verre de cristal en retombait, émietté sur le carreau. Toute la galerie, qui d'abord avait cru qu'ils s'amusaient à se cribler de lardons, se précipita fort alarmée entre eux. « Est-ce qu'ils étaient devenus fous ! se traiter de la sorte et se colleter comme des laquais, eux, ces gentlemen ! » On eut toutes les peines du monde à retenir l'offensé, qui consentit enfin à passer en une pièce voisine où bientôt deux membres du cercle vinrent lui demander de la part de son provocateur une réparation par les armes. « Entendu ! tout ce qu'il voudra, vociféra-t-il, écumant, et quand bon lui semblera! » Puis il pria deux autres sociétaires de s'aboucher avec ceux envoyés vers lui. Ces messieurs, estimant à tort que leur intervention amènerait un arrangement pacifique, résignèrent leur mandat sitôt que leurs commettants consultés, à diverses reprises, se furent refusés à tout accommodement avec une égale animosité. Pareille rencontre eût été sacrilège, impie, aux yeux de ce monde assez sceptique cependant, et nul ne se trouva pour y prêter les mains, si bien que les deux irréconciliables sortirent assez perplexes du cercle et se rendirent toujours irrités, non pas en ville, dans leur domicile commun, mais qui d'un côté, qui de l'autre, chacun en sa villa respective, à demi-lieue du mur d'enceinte.

On glosa dès qu'ils eurent disparu. Personne n'admettait que leur brouille provînt de la partie de jeu; celle-ci, selon toutes les apparences, n'en avait été que le prétexte : avis unanime à cet égard, et l'on s'évertuait vainement à en pénétrer la cause. « Eh ! mon Dieu, dit le baron Nieyès, un vieux beau qui n'avait pas encore desserré les dents, si vous êtes si curieux que ça, cherchez la femme; il y en a toujours une au fond des choses qu'on ne s'explique pas!... » En effet, il y en avait une, et splendide, en cette discorde obscure, ou du moins, se permit-on de le conjecturer, et voici qui corrobora cette hypothèse : une quinzaine environ avant l'éclat dont on s'était tant ému, Mont-Eaux, le chaste Mont-Eaux, avait demandé mademoiselle Isaure de Pierrelux en mariage, et la famille de cette exquise créole, dont presque tout le monde était plus ou moins féru dans la cité, Vald'herbes aussi peut-être, avait agréé ce riche prétendant. Or, l'intime de celui-ci fut en butte à de noires mélancolies, depuis ce moment-là. Parbleu! Rien de plus clair; ils étaient tous deux épris de la même beauté; de là, jalousie, haine, dispute et bataille !... Heureusement on s'apaise quand la colère tombe ; il y avait cent à parier contre un qu'ils déploraient à présent d'avoir eu la tête si chaude, la langue si mordante, la main si leste, et que, partant, tout en resterait là. Le roquentin dont la sagacité bien connue avait mis toute cette folle jeunesse sur la piste, fut loin de partager l'opinion générale; il eut beau dire que l'affaire lui paraissait beaucoup plus sérieuse et qu'elle aurait de très graves conséquences, on n'en pensait pas un mot; aussi demeura-t-on ahuri, le soir suivant, en apprenant de bonne source que la querelle se viderait le lendemain au point du jour, auprès de la porte de Gascogne. « En ce cas, observèrent quelques incrédules, ce ne sera pas toujours à l'épée; il faudrait pour cela que les deux rivaux fussent en état de se tenir debout, et seul, l'un d'eux en est capable. » « Oui, mais s'il n'y a qu'une manière de naître, insinua le baron de mauvais augure, il y en a mille pour mourir ; allons voir, messieurs, celle que ces Rolands furieux, brûlant, selon moi, pour la même Angélique, ont choisie. » On sortit incontinent et l'on se dirigea vers l'endroit indiqué.

Deux tilburys capotés, comme on y arrivait, s'arrêtaient dans un bas-fond herbeux au-dessus duquel la lune s'effaçait peu à peu dans le ciel rubescent. Un ruisselet, le seul peut-être que les ardeurs estivales n'eussent pas desséché, traversait là, sous un ponceau de briques, avec un lacis de branchages pour garde-fou, la combe et la route ou plutôt le sentier aboutissant à la rivière de Gimone, au bord de laquelle se penchait un moulin poussiéreux dont les meules ne tournaient plus depuis la Saint-Jean, faute d'eau. Cette gorge, des plus farouches, avait tiré son nom d'une sorte de réservoir couvert de cresson dont le trop-plein l'arrose l'été comme l'hiver et qu'en souvenir d'une rixe héroï-comique, devenue légendaire en la contrée, on dénommait : Fontaine des Folles.

— Eux, là-bas ; ce sont bien eux, n'est-ce pas ?

— Oui !...

Brun, haut de taille, fort, sanguin, chevelu, l'un des champions, descendit précipitamment de voiture, et l'autre, blond, pâle, grêle, exsangue et chauve, fut ôté non sans peine de la sienne et déposé comme une masse inerte sur une touffe de menthes.

— Ah ça mais, ils ont donc pris pour témoins des valets de charrue, ces quasi princes ?...

Et la foule, houleuse et désorientée, qui s'était rendue là, non sans quelques doutes, examinait avec curiosité quatre rustres très empruntés qui se hâtaient de ficher dans le sol humide des rosées nocturnes, un soliveau.

— Pourquoi ça ?...

Quelques-uns avaient déjà compris à

quel usage cette pièce de bois était destinée. Enfin, on y lia le perclus, qui, dès qu'il y fut assujetti au moyen d'une courroie de cuir, surveilla les préparatifs de cette étrange lutte. On mesura la distance, environ vingt-cinq pas, qui séparait ces deux « implacables », et chacun d'eux fut muni d'un pistolet d'arçon. Egalement altérés, leurs traits n'avaient plus la même expression que la veille, au cercle du Sport. A l'aveugle fureur, avait succédé, chez l'un, on ne sait quelle tristesse un peu voilée, d'autant émouvante ; et l'autre, au lieu d'avoir conservé sa flegmatique arrogance, offrait une physionomie tourmentée, excessivement douloureuse, et presque inquiète quoique toujours résolue.

— Il paraîtrait, avança soudain quelqu'un dans les rangs de plus en plus épaissis du populaire, que ces enragés ont eux-mêmes réglé par correspondance les conditions du combat, et que c'est après le refus de tous leurs amis et connaissances, qu'ils se sont décidés à se faire assister chacun par deux de leurs fermiers...

— Allons donc!

— Ces quatre paysans, assez mal à l'aise, qui les escortent en témoignent plus que suffisamment; ils ne se sont jamais trouvés à pareille fête, ces paours; ça se voit.

Trois claquements de mains, frappées à de très courts intervalles, retentirent un à un et coup sur coup; au dernier, les détonations aigres et simultanées des armes à feu.

— Diable! il s'en est fallu de bien peu; le petit avait visé très droit... et le grand l'a échappé belle!

Et l'on se montrait Mont-Eaux, qui avait tiré en l'air, tandis que, derrière lui, juste au-dessus de son crâne, exactement sur la même ligne, à deux ou trois mètres plus loin, frissonnait encore la cime d'un arbrisseau que la balle de Georges avait équarri.

— Frère!

Si ce mot ne fut pas prononcé, si cet appel ne fut pas formulé, les yeux, les bras, tout le corps de Julien l'avait crié, le criait encore. Il ne sourcilla ni ne tressaillit, l'inexorable en vain conjuré, mais il adressa sur-le-champ à son désolé camarade un coup d'œil singulier que l'on traduisit ainsi : « Souviens-toi de nos conventions, tiens ta parole! » Et pendant qu'on rechargeait leurs pistolets fumants, toute la plèbe entassée au milieu de ce sauvage ravin s'attendrit devant ces deux égarés, dont l'un au moins succomberait là; car, on n'en doutait plus à présent, c'était une guerre à mort, un duel sans merci!... Quoi, pendant trente-cinq années ils auraient vécu, respirant le même air, unis d'esprit et de cœur, soudés d'âme et de corps, et maintenant cette longue amitié si fraternelle était abolie, ils s'entre-tueraient peut-être, et pourquoi? Pendant si longtemps ils s'étaient constamment sacrifiés l'un à l'autre, et voilà qu'ils en voulaient à leur vie. Ah! quelle injure brûlaient-ils donc de laver dans leur sang? Hier, hier encore, à la ville, aux champs, ils allaient ensemble la main dans la main, et combien de fois, au Cours, sur les bords de l'eau, n'avait-on pas vu l'estropié charrié sur les reins de son vigoureux camarade. Elle était abominable, cette action, exécrable et contre nature ; il fallait qu'elle cessât, y eût-il, comme d'aucuns l'avaient supposé, quelque belle sous roche!

— Assez; holà!...

Trop tard! Un nouveau signal avait été donné; cette fois, il ne fut suivi que d'une seule explosion! On devina plutôt qu'on ne vit lequel des deux s'était abstenu. « Puisque tu m'as enfin riposté, nous sommes quittes; et continuons! » Ainsi s'énonçaient clairement les regards de Val d'herbes, qui n'avait pas voulu demeurer en reste de générosité. Cependant d'autres armes furent présentées ; ils s'en saisirent, on entendit encore trois battements de mains et l'un des adversaires tomba foudroyé, sur un lit de pétoncles et de lichens, tandis que l'autre, debout contre le poteau, pâlissait affreusement, et comme si lui-même eût reçu le coup mortel dont il avait atteint son ancien ami...

— Gens, ordonna-t-il aux témoins, détachez-moi !

Vite on lui obéit, et soutenu par les quatre compagnons il rampa, mordant l'ombre de moustache qui tremblait en travers de sa figure glabre, vers le point où, sa poitrine trouée de part en part et sa barbe touffue mouillée des sueurs de l'agonie, le vaincu gisait sur la glaise calcinée qui buvait le flot de pourpre dont elle venait d'être instantanément arrosée et rougie.

— Ah ! souffla celui-ci d'une bouche

amère en s'efforçant de tendre sa droite à son meurtrier, aussi blême que lui, tu l'aimes donc bien?

— Elle, non, non; mais, toi, je te le jure ici.

— Moi, qui meurs sous tes yeux et de ta main?

— Oui, toi seul!

— Alors, comment?...

— Tu me le demandes!

— Oui.

— Ne m'aurais tu pas délaissé pour elle et certainement survécu si, le jour de votre mariage, je m'étais fait sauter la cervelle ainsi que j'en avais l'intention? oh! pardonne-moi.

— Dans mes bras, Georges; viens, viens!

— Oh! Julien.

— Adieu!

— Non pas adieu, mais au revoir, bientôt, ailleurs!...

Sous les premiers rayons du soleil levant, en présence de la foule confondue et pétrifiée, ils s'embrassèrent, ces fratricides ; et quelques autres brèves paroles échangées à la hâte, l'infirme, étreignant toujours le corps athlétique de sa victime, qui respirait encore et put l'entendre, il dit d'une voix ferme et stridente que chacun perçut de l'une à l'autre extrémité du terrain :

— En mon âme et conscience, devant vous tous, hommes, et devant Dieu, je déclare ici que M. de Mont-Eaux, hier provoqué publiquement au club, et fort injustement accusé par moi, de Vald'herbes, n'a failli jamais à l'honneur ; et, telle est ma dernière volonté, car je me tuerai aujourd'hui, je demande instamment qu'on m'enterre demain avec lui dans le même tombeau.

Ce suprême vœu fut exaucé ; vingt-quatre heures plus tard, tout le bourg accompagna ces amis tragiques au cimetière, et quoiqu'elle date de tantôt un demi-siècle, on parle encore à Sardinoc-en-Armagnac de cette si mystérieuse et funèbre aventure, restée absolument incompréhensible pour la plupart de ses habitants.

Février 1883.

Où les Miens ont vécu

— 1884 —

Ou les Miens ont vécu

Geignant sur son essieu, le char à bancs mis à ma disposition par un bibliophile de Moissac roulait tant bien que mal le long de la grande route poudreuse autrefois sillonnée en tous sens par les messageries et les malles-poste, à peu près déserte aujourd'hui que les trains circulent sur les lignes de chemins de fer du sud-ouest, et mes yeux examinaient, tantôt à gauche tantôt à droite, les vieux saules évidés qui bordent cette chaussée recouvrant une ancienne voie romaine ; ils n'avaient presque pas changé, ces arbres séculaires qu'enfant encore j'avais connus et que je retrouvais aussi verts, aussi frais, aussi jeunes qu'au temps passé, moi quasi-vieillard déjà.

— Saint-Carnus! s'écria tout à coup le condisciple qui m'accompagnait; Saint-Carnus de l'Ursinade!

Aussitôt, je descendis de la carriole, qui s'était arrêtée; un terrien entre deux âges assis sur un tas de graviers en face de l'église du hameau me reconnut en dépit de ma figure trop ravagée par les ans et, s'étant levé, m'accosta:

— Qu'il y a de jours, monsieur, qu'on ne vous avait vu par ici! Vous y êtes venu sans doute à l'occasion des fêtes de Cahors et de Montauban?

— Non, oh! certes non! Elles m'importent peu; mais, naguère, là-bas, à Paris, j'éprouvai le besoin de saluer quelqu'un qui reste à deux pas de nous en ce coin, et me voici!

— Rien de plus naturel, exclama le

paysan, qui cherchait en vain à me comprendre ; on part, on revient, on s'en retourne, et quand on est las de voyager, on finit par rentrer là d'où l'on est sorti ; c'est clair, pardienne ! on conçoit aisément tout ça.

Je lui serrai rapidement les mains et me dirigeai vers un clos raboteux, sorte de friche dont les ronces et les herbes moutonnaient pêle-mêle, agitées par la brise, au-dessus d'une foule de tertres de cinq à six pieds de long sur trois de large environ.

— Ne cours pas si vite ; il y a des fondrières !...

Sourd à la voix de mon ami, je marchai droit au grillage de fer rouillé qui défendait l'asile où dormait celui qui pendant sa vie n'avait pas goûté de repos. Envahie par les chardons et les orties, cette armature disparaissait presque entièrement sous des broussailles, et c'est à peine si parmi cette végétation parasitaire je parvins à découvrir une parcelle de ce sol glabre et rouge où quelques semaines avant notre éternelle séparation Montauban-Tu-Ne-Le-Sauras-Pas m'avait dit en le frappant de son bâton de houx : « Si tu n'obtiens pas l'autorisation de m'enterrer au milieu de notre prairie, entre les deux amandiers que j'y plantai, tu t'arrangeras pour qu'on me mette là !... Belle exposition au Midi ! chaque matin, à son lever, le soleil m'y frappera d'aplomb et ses rais m'y réchaufferont les os. » Il gisait à la place qu'il s'était choisie et de laquelle il ne sera point exhumé, ce sévère Compagnon du Devoir, car respectueux de sa suprême volonté, je ne prendrai jamais sur moi de réunir ses cendres à celles de ma mère et de ceux de mes enfants qui sommeillent avec elle sur les cimes du Père-Lachaise, au fond du même tombeau. Debout et chapeau bas devant la fosse où se consume ce brave qui mourut sans peur et sans reproches, si je ne murmurai pas en ce lieu des prières quelconques, ni ne m'agenouillai point sur la terre en implorant le ciel non plus sensible qu'elle-même, au moins je laissai là mon cœur saigner à son gré...

1806 — 1869

Et m'abimant en je ne sais quelle obscure et cruelle rêverie, je parcourus de mes doigts ces deux dates presque invisibles dans le métal oxydé, marquant l'une le commencement et l'autre la fin de l'homme qui m'avait créé.

— Lui, soupirai-je à bout de forces et comme hypnotisé par le cher fantôme enfin apparu, c'est lui-même !

On m'entraîna. Je remontai sur-le-champ en voiture en priant le cocher de me conduire au delà du coteau qui nous barrait l'horizon.

— A la Lande ?
— Oui !

Dix minutes ne s'étaient pas écoulées que nous avions atteint le sommet d'une pente très déclive, d'où mes prunelles ravies contemplèrent un panorama qui m'avait été familier, et les battements irréguliers de mes artères répondirent bientôt au rhytmique tic-tac de ce riant moulin où j'avais savouré de si douces heures entre mes proches. Enseveli sous des bouleaux et des charmes, il était toujours là, paisible, à califourchon sur les eaux candides du bief, où se réfléchissait tout l'azur, et juste au milieu de ce cirque de verdure où s'ajustent, d'une part, après avoir franchi le Tarn et l'Aveyron conjugués, les plaines fécondes du Languedoc, et s'échelonnent, de l'autre, les mamelons ligneux du Quercy, scindés par de profondes gorges au delà desquelles se déroulent des perspectives sans fin. Ayant mis pied à terre et foulé le pont du Lemboux, je m'engageai dans cette étroite et longue allée domestique où jadis les gars de Saint-Bartholomée Porte-Glaive et de Saint-Guillaume le Tambourineur étaient venus m'offrir un bouquet de fleurs artificielles, composé de tulipes bleu d'outre-mer, de lis sang-de-bœuf et d'épis de sarrasin tricolores. Sous le rouvre qui trône à l'autre bord du rus, béait la grotte où le hasard m'avait souvent rendu témoin des amours primitives d'Inot et de Janille, aujourd'hui mariés et bien portants aussi, « grâces à Dieu! » Je considérais en marchant l'arbre et la crypte, lorsqu'une pastoure bise et chenue qui filait sa quenouille en paissant une truie et des biques, m'arrêta :

— Qu'y a-t-il pour votre service et qui demandez-vous ici ?

Cette brutale apostrophe me souffleta. Quel dur rappel à la réalité ! Je n'étais plus chez moi; des étrangers possédaient le toit où les miens et moi, côte à côte, nous avions vécu.

— La permission, répliqua mon ami, de visiter cette demeure ?

— Há bien, suivez-moi tous les deux, dit après quelques minutes d'hésitation la méfiante gardienne, et, s'il vous plaît, n'abîmez rien !

Nous nous introduisîmes silencieux, et comme en un sanctuaire, sous le hangar de la bâtisse où les huis clos des étables étaient encore estampillés à l'encre de Chine des équerres et des compas symboliques de Maître Jacques, que le précédent propriétaire avait tant honoré. Dès que nous eûmes parcouru le rez-de-chaussée de l'usine où les meules ronflaient en vironnant entourées d'un nuage tourbillonnant de farine, nous montâmes au premier étage, dans les quatre petites pièces duquel s'était usée la vie de ma laborieuse et solitaire famille. Attiré d'abord vers la chambre carrée, à l'un des angles de laquelle je couchais en une sorte de niche séparée par un paravent qui touchait au plafond de l'alcôve de ma mère, car la simple et digne femme ne voyant encore en moi, malgré la farouche barbe d'ermite dont ma figure était déjà couverte à vingt ans, que le marmot qu'elle avait conçu, nourri, torché, ne permettait pas, tant que je séjournais auprès d'elle, que je fusse un instant hors de la portée de ses mains secourables, j'en poussai la porte entre-bâillée avec une émotion extraordinaire et qui s'accrut au point de me paralyser les jambes au moment où j'y pénétrai.

— Regardez, criai-je hors de moi, regardez ça !

— Quoi donc ?

— Ce blé, ce blé !...

Fille et sœur de campagnards presque indigents, épouse d'un maigre ouvrier de ville, elle avait toujours eu, la noble créature qui me berça dans son giron, ainsi qu'eux-mêmes et comme tous ceux qui gagnent leur pain à la sueur de leur front, une vénération instinctive pour cet aliment, à peu près le seul des humbles de sa race, et tremblait sans cesse d'en manquer.

Aussi, m'en souvient-il, avec quelle ferveur exhalait-elle chaque soir avant de se dévêtir ces paroles latines du PATER : *Hodie da nobis panem quotidianum !* Et maintenant à l'endroit même où je l'avais si souvent vue prier avec tant d'ardeur et de piété Celui qu'elle tenait pour le souverain Arbitre et le Dispensateur universel « de lui fournir la pâture ainsi qu'il le fait aux petits oiseaux », s'élevait un monceau de grains assez abondant pour subvenir aux besoins de toute une tribu pendant au moins une année; et moi, grison, non moins émerveillé qu'attendri, les orteils rivés au carreau, je ne savais que répéter encore et toujours encore le premier mot que, bambin, emmailloté de langes, j'avais balbutié :

— Maman ! oh ! maman !...

Après m'avoir arraché tout vibrant de ce parquet où mes talons s'étaient soudés, on essaya de m'emmener dehors; mais, avant de descendre, je voulus revoir aussi la mansarde en laquelle le patron, tout hâlé, fruste comme un Romain et sobre comme un Spartiate, déjeunait seul d'une gousse d'ail et d'une fouace arrosées de quelques gouttes de piquette, en interrogeant par une lucarne le soleil qui se mirait dans les ondes soyeuses et limpides du ruisseau frôlant les plantains de ses deux berges inégales, et se délassait, ne dormant jamais que d'un œil, entre des draps écrus, sur un méchant châlit en fonte où, voici déjà quinze ans, il s'éteignit entre mes bras, un soir d'automne, à la tombée de la nuit.

— Tâche d'ouvrir, toi, si cela t'est possible, dis-je étrangement intimidé sur le seuil du réduit, à mon camarade, que mes saintes angoisses avaient tout remué, je ne puis, moi !

J'entendis grincer un loquet, et sitôt après un grand bruit d'ailes... Énigmatique et magique spectacle dont je fus confondu ! Dans ce misérable galetas que l'agonie du chef de la maison avait splendifié, nuls meubles à présent, pas un : ni la table en bois blanc où jadis il s'asseyait pour « tuer le ver », ni le coffre vermoulu chargé de ferrures où soigneusement il serrait ses registres et son numéraire, ni ce trophée à nul autre pareil et formé de plusieurs cannes enrubannées de compagnonnage et d'armes : sabres, fusils et piques de mes aïeux, ceux-ci soldats de la République et de l'Empire, ceux-là révolutionnaires ainsi que leur successeur, ouvriers ambulants comme lui ; ni le grabat au chevet duquel je l'avais veillé pendant que son âme se déracinait de sa chair ; mais il y avait là plus de cent pigeons, et de toutes les espèces : des communs, des pattus, des huppés ; des ramiers, des colombes et des tourterelles qui s'abattaient sur moi, me couvrant le corps de pied en cap. Or, dès son berceau, le rude plébéien qui m'engendra s'était montré tendre à ces volatiles, et depuis sa première enfance, il en avait toujours eu. Ç'avait été son unique faiblesse ; il se la reprochait parfois en se traitant de sacré nigaud. Du froment, ici, chez celle qui n'avait guère songé qu'à s'en prémunir et chez celui qui ne s'était jamais apitoyé sur la condition des animaux, une foule de ceux-là seuls qu'il eût jamais choyés ! Et tandis que, me dévorant de caresses, ils m'étreignaient tous de leurs ailes et me baisaient de leurs becs, il me sembla que j'étais enveloppé de mystères et je frissonnais, en butte à je ne sais quelles transes religieuses, ébloui par ces vertigineuses métempsycoses ; enfin, ma poitrine, grosse de larmes, creva : je sanglotai.

— Qu'est-ce? questionna la rustaude qui nous surveillait, il pleure, votre ami, pourquoi?

— Chut, taisez-vous, ne bougez point, murmura mon compagnon de route ; son père mourut là.

— Té, celui-ci, s'écria-t-elle en me désignant, est donc le fils de cet ancien qui labourait autrefois les entours du trictrac, un monsieur devenu paysan, coiffé d'un chapeau de citadin et vêtu d'un frac à queue d'hirondelle, avec un tablier de basane autour des flancs ?

— Oui, répliquai-je en mon trouble persistant, et je suis un laboureur aussi, moi...

Puis, soutenu, comme poussé par des mains invisibles, je passai dans une salle voisine assez spacieuse, où nous dînions tous ensemble autrefois, et là, c'est là qu'aux lueurs parcimonieuses d'une lampette à pétrole, tandis qu'à la veillée, maman, noire comme une taupe, me tricotait des bas ou me ravaudait du linge, et que papa, roux comme les blés, se rappelant son vieux métier de bourrelier, raccommodait la barde de quelque mule ou la trézègue d'un joug à bœufs, moi, leur fruit unique et bicolore, j'écrivis avec l'enthousiasme de la jeunesse et certaine confiance en moi que tous mes revers n'ont pas abattue ni même ébranlée, cette tragi-comédie : *La Fête votive*, et cette églogue : *Le Bouscassié*.

— Miens, chers miens, ô pauvres âmes, adieu !...

Les feux du couchant rasaient les myrtes d'alentour ; à ce moment une buandière qui fredonnait en s'accompagnant de son battoir, enfla sa voix qui retentit sous les fenêtres :

> Sur la terre, en l'air et dans l'eau
> Rien ne meurt, tout se renouvelle ;
> Que mon amant devienne oiseau,
> Je me muerai vite en oiselle ;
> Et, si je renais plante ou fleur,
> Moucheron, il boira mon cœur
> De rose
> Blanche ou rose,
> Lui, lui,
> M'ami !

Vieil orphelin en deuil je m'en allai, l'esprit hanté de radieuses images mystiques où, parmi tout un essaim de très belles petites têtes brunes, châtaines et blondes, semblables à celles si chères à mon cœur de père, revivaient, transfigurés, ceux que j'aime encore et toujours d'un amour filial.

Avril 1884.

M DCCC LXXXV

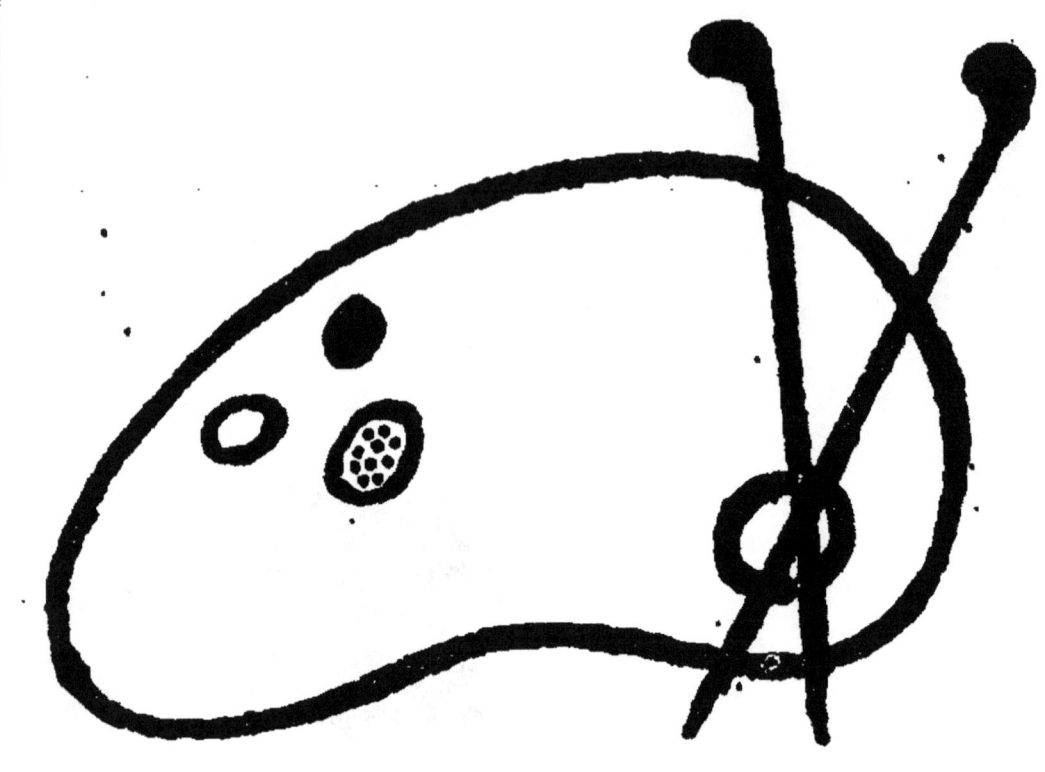

Original en couleur

NF Z 43-120-8

www.ingramcontent.com/pod-product-compliance
Lightning Source LLC
Chambersburg PA
CBHW050801170426
43202CB00013B/2516